写给青少年的

古文观止

伊泽◎编著

第2卷

历史的回响

民主与建设出版社

·北京·

图书在版编目（CIP）数据

写给青少年的古文观止 . 2, 历史的回响 / 伊泽编著
. -- 北京：民主与建设出版社，2022.11（2023.11）

ISBN 978-7-5139-3965-2

Ⅰ . ①写… Ⅱ . ①伊… Ⅲ . ①古典散文—散文集—中
国②《古文观止》—青少年读物 Ⅳ . ① H194.1

中国版本图书馆 CIP 数据核字（2022）第 191130 号

写给青少年的古文观止·历史的回响
XIEGEI QINGSHAONIAN DE GUWENGUANZHI LISHI DE HUIXIANG

编　著	伊　泽	
责任编辑	王　颂　郝　平	
封面设计	阳春白雪	
出版发行	民主与建设出版社有限责任公司	
电　话	（010）59417747　59419778	
社　址	北京市海淀区西三环中路 10 号望海楼 E 座 7 层	
邮　编	100142	
印　刷	德富泰（唐山）印务有限公司	
版　次	2022 年 11 月第 1 版	
印　次	2023 年 11 月第 5 次印刷	
开　本	880 毫米 ×1230 毫米　　1/32	
印　张	5	
字　数	75 千字	
书　号	ISBN 978-7-5139-3965-2	
定　价	228.00 元（全 5 册）	

注：如有印、装质量问题，请与出版社联系。

目录

郑伯克段于鄢（节选）
zhèng bó kè duàn yú yān

《左传》

chū zhèng wǔ gōng qǔ yú shēn yuē wǔ jiāng shēng zhuāng

初，郑武公娶于申，曰武姜①，生庄

当初，郑武公从申国娶了妻子，就是后来的武姜，她生了庄公和共

gōng jí gōng shū duàn zhuāng gōng wù shēng jīng jiāng shì gù míng yuē

公及共叔段。庄公寤生②，惊姜氏，故名曰

叔段。庄公出生时脚先出来，惊吓了姜氏，因而给庄公取名为"寤生"，也

wù shēng suì wù zhī ài gōng shū duàn yù lì zhī qì qǐng yú

寤生，遂恶之。爱共叔段，欲立之。亟③请于

因此厌恶他。姜氏喜爱共叔段，想立其为储君，屡次请求武公，武公都不答应。

^{wǔ gōng} ^{gōng fú}^④ ^{xǔ}
武公，公弗^④许。

^{jí zhuāng gōng jí wèi} ^{wèi zhī qǐng zhì}^① ^{gōng yuē}
及 庄 公 即 位，为 之 请 制^①。公 曰：

等到庄公即位，姜氏为共叔段求封制邑。庄公说："制是险要之地，

^{zhì} ^{yán yì}^② ^{yě} ^{guó shū}^③ ^{sǐ yān} ^{tā yì wéi mìng}
"制，岩 邑^② 也。虢 叔^③ 死 焉，他 邑 唯 命。"

虢叔曾死在那里。别的其他地方都可听您吩咐。"姜氏于是为共叔段求封京

^{qǐng jīng}^④ ^{shǐ jū zhī} ^{wèi zhī jīng chéng tài shū} ^{zhài zhòng yuē}
请 京^④，使 居 之，谓 之 京 城 大 叔。祭 仲 曰：

邑，庄公便叫共叔段居住在了那里，称为京城太叔。祭仲说："城墙边长超

^{dū chéng guò bǎi zhì}^⑤ ^{guó zhī hài yě} ^{xiān wáng zhī zhì} ^{dà dū}
"都 城 过 百 雉^⑤，国 之 害 也。先 王 之 制，大 都

过三百丈，就是国家的祸害。先王的制度是，大都市城墙，长不超过国都城

^{bú guò sān guó zhī yī}^⑥ ^{zhōng wǔ zhī yī} ^{xiǎo jiǔ zhī yī} ^{jīn jīng}
不 过 参 国 之 一^⑥，中 五 之 一，小 九 之 一。今 京

墙的三分之一；中等城市，不超过国都城墙的五分之一；小城市，不超过国

^{bú dù} ^{fēi zhì yě} ^{jūn jiāng bù kān} ^{gōng yuē} ^{jiāng shì yù}
不 度，非 制 也，君 将 不 堪。"公 曰："姜 氏 欲

都城墙的九分之一。如今京邑太大，不合制度，您将无法控制。"庄公说："姜

^{zhī} ^{yān bì hài} ^{duì yuē} ^{jiāng shì hé yàn zhī yǒu} ^{bù}
之，焉 辟^⑦ 害！"对 曰："姜 氏 何 厌 之 有！不

氏要这样，我如何躲避祸害呢？"回答说："姜氏怎会满足？不如早作打算，

rú zǎo wèi zhī suǒ　　　wú shǐ zī màn　　màn　nán tú yě　màn cǎo yóu
如早为之所，无使滋蔓。蔓，难图也。蔓草犹
不要使其努力滋长蔓延，一旦滋长蔓延起来就难以对付了。蔓延的草还不容

bù kě chú　kuàng jūn zhī chǒng dì hū　　gōng yuē　　duō xíng bú yì
不可除，况君之宠弟乎！"公曰："多行不义
易清除，何况是您那被宠爱的弟弟呢？"庄公说："不义之事做多了必然会

bì zì bì　　zǐ gū dài zhī
必自毙，子姑待之。"
自取灭亡，你姑且等着罢！"

①制：郑国地名，在今河南荥阳市西北。②岩邑：险要的城邑。
③虢叔：东虢国国君。④京：郑国地名，在今河南荥阳市东南。
⑤雉：古代计算城墙长度的单位。⑥参国之一：国都城墙的三分
之一。参：通"三"。⑦辟："避"的古字，躲避。

jì ér tài shū mìng xī bǐ　　　běi bǐ èr yú jǐ　　gōng zǐ lǚ
既而大叔命西鄙①、北鄙贰于己。公子吕
不久，太叔命令西部和北部边境的一些地方，一方面属于庄公，一

yuē　　　guó bù kān èr　　jūn jiāng ruò zhī hé　　yù yǔ tài shū
曰："国不堪贰②，君将若之何？欲与大叔，
方面属于自己。公子吕说："国家不能承受这样两面受命，您打算怎么办？

chén qǐng shì zhī　　ruò fú yǔ　　zé qǐng chú zhī　　wú shēng mín xīn
臣请事之；若弗与，则请除之，无生民心③。"
如果您想将王位让给太叔，我就请求去侍奉他；如果您不想让位给他，就请

gōng yuē　　　wú yōng　　jiāng zì jí　　　tài shū yòu shōu èr yǐ wéi
公曰："无庸④，将自及。"大叔又收贰以为
您除掉他，不要让人民有二心。"庄公说："用不着，他会自取其祸的。"

己邑，至于廪延⑤。子封曰："可矣，厚将得

太叔又进一步把两地城邑据为己有，还延伸到廪延。公子吕对庄公说："可

众。"公曰："不义不昵，厚将崩。"

以行动了，他羽翼已丰，会有更多拥戴者。"庄公说："他对君王不义，不
顾手足之情，势力越雄厚，反而会越快垮掉。"

①鄙：边界的城镇。②贰：双方共有。③生民心：使百姓生二心。
④庸：用。⑤廪延：郑国地名，在今河南延津县北。

大叔完聚①，缮②甲兵，具卒乘，将袭郑。

太叔巩固城防，聚积粮草，修缮军备，准备兵士战车，打算偷袭郑国，

夫人将启之③。公闻其期，曰："可矣！"命子

姜氏作为内应，想替他开城门。庄公听到他举兵的日期，说："可以了！"

封帅车二百乘④以伐京。京叛大叔段。段入于

于是命令公子吕率战车二百辆讨伐京邑。京邑民众反叛了太叔。太叔逃往鄢

鄢⑤。公伐诸鄢。五月辛丑，大叔出奔⑥共。

邑。庄公又命令讨伐鄢邑。五月二十三日，太叔逃往共国。

①完聚：指修治城郭，集结兵力。②缮：修治。③启之：指开城
门作内应。④乘：战车。⑤鄢：地名，在今河南鄢陵县北。⑥出奔：
逃亡。

5

书^①曰："郑伯克段于鄢。"段不弟^②，
《春秋》上说："郑伯克段于鄢。"共叔段不顾兄弟情谊，所以不

故不言弟；如二君，故曰克；称郑伯，讥失教
用"弟"字；交战双方好像是两个国君，所以用"克"字。称庄公为"郑伯"

也；谓之郑志^③。不言出奔，难之^④也。
是讥讽他没有管教好弟弟，也符合郑国人的意愿。而不写太叔"出奔"，是
史官有难以下笔之处。

①书：指《春秋》记载。②弟：通"悌"，指对兄长敬爱顺从。③志：
意愿。④之：指太叔逃亡这件事。

遂置姜氏于城颍^①，而誓之曰："不及
庄公把姜氏安置在城颍，发誓说："不到黄泉，永不相见！"不久

黄泉，无相见也。"既而悔之。颍考叔为颍
之后又后悔了。颍考叔是颍谷的地方官，听说这事后，便来到国都，说是有

谷封人^②，闻之，有献于公。公赐之食，食舍
礼献于庄公。庄公赐宴，吃饭时，颍考叔把肉放在一旁不吃。庄公问他原因，

肉。公问之，对曰："小人有母，皆尝小人之
他回答说："我有老母，我的食物她都尝遍了，却没尝过您的菜肴，我想留

食矣，未尝君之羹，请以遗^③之。"公曰："
给她尝尝。"庄公说："你有母亲可以孝敬，唯独我没有。"颍考叔说："敢

"尔有母遗，繄④我独无！"颍考叔曰："敢
问这是什么意思？"庄公告诉他其中的缘故，并且讲出自己的悔意。颍考叔

问何谓也？"公语之故，且告之悔。对曰：
回答说："君王有什么好忧虑的！如果挖个地道见泉，在地道里相见，谁能

"君何患焉！若阙⑤地及泉，隧而相见，其谁
说您违背了誓言呢？"庄公依照他的办法做了。庄公进入地道，赋诗道："走

曰不然？"公从之。公入而赋："大隧之中，
进地道之中，多么欢乐啊。"姜氏从地道中出来，也赋诗道："走到地道之

其乐也融融！"姜出而赋："大隧之外，其乐
外，心情多愉快啊。"于是母子二人又和好如初了。

也泄泄⑥。"遂为母子如初。

　　　　……

①城颍：地名，在今河南临颍西北。②封人：镇守边疆的官吏。
③遗：赠。④繄：句首语气词。⑤阙：通"掘"，挖掘。⑥泄泄：
形容快乐的样子。

<hr>

深入浅出读古文

本文是一篇极富文学色彩的历史散文，以时间顺序为线索，客观精准地叙述了郑庄公宗室内部的政治斗争。

首先写生庄公时难产，让姜氏受到惊吓，姜氏因而喜爱次子共叔段。而共叔段在母亲的暗中支持下，骄纵成性，狂妄自大，欲谋夺王位。庄公深谋远虑，静观其变，摆出姜太公钓鱼，愿者上钩的姿态，欲擒故纵。矛盾冲突越来越尖锐，最后达到高潮——共叔段逃亡，姜氏被放逐，结局母子又和好如初。

文章脉络清晰，结构完整，语言生动简洁，情节跌宕起伏，人物形象饱满，把庄公的"装"、姜氏的"偏"和共叔段的"贪"表现得淋漓尽致。

知识加油站

黄泉的由来

黄泉，在中国文化中是指人死后所居住的地方。古代认为天地玄黄，而泉在地下，所以称为黄泉。还有一种说法认为中国以黄河流域为中心，泉水因黄土而变黄，故称为黄泉。

周郑交质
zhōu zhèng jiāo zhì

《左传》

zhèng wǔ gōng　　zhuāng gōng wéi píng wáng qīng shì　　wáng èr yú
郑武公、庄公为平王卿士①。王贰于
郑武公、庄公父子先后任周平王的执政大臣，平王又兼用虢公。庄

guó　　zhèng bó yuàn wáng　　wáng yuē　　wú zhī　　gù zhōu zhèng
虢②，郑伯怨王。王曰："无之。"故周郑
公抱怨，平王说："没有这事。"因此周与郑便交换人质。平王之子狐为人

jiāo zhì　　wáng zǐ hú wéi zhì yú zhèng　　zhèng gōng zǐ hū wéi zhì yú
交质③。王子狐为质于郑，郑公子忽为质于
质去往郑国，庄公之子忽为人质前往周室。平王驾崩，周王室想把国政全部

zhōu　　wáng bēng④　　zhōu rén jiāng bì⑤　　guó gōng zhèng　　sì yuè　　zhèng zhài
周。王崩④，周人将畀⑤虢公政。四月，郑祭
托付给虢公。四月，郑国的祭足领兵割取了温地的麦子。秋天，又割取了成

zú⑥ shuài shī qǔ wēn⑦　　zhī mài　　qiū　　yòu qǔ chéng zhōu zhī hé
足⑥帅师取温⑦之麦。秋，又取成周之禾。
周的谷子。周和郑遂彼此仇恨。

zhōu zhèng jiāo wù
周郑交恶。

① 平王卿士：周平王的执政大臣。② 虢：西虢公。③ 交质：互换人质。④ 崩：去世。⑤ 畀：托付，给予。⑥ 祭足：郑国大夫。⑦ 温：周地名。

jūn zǐ yuē　　　　xìn bù yóu zhōng　　　zhì wú yì yě　　míng shù ①
君子曰："信不由中，质无益也。明恕①
君子说："信任不发自内心，交换人质也没有用。以互相谅解的

ér xíng　　yāo②　　zhī yǐ lǐ　　suī wú yǒu zhì　　shuí néng jiàn zhī　　gǒu
而行，要②之以礼，虽无有质，谁能间之？苟
原则行动，又根据礼制加以约束，即使没有人质，谁又能使其产生隔阂？

yǒu míng xìn　　jiàn xī zhǎo zhǐ zhī máo③　　pín fán wēn zǎo zhī cài④
有明信，涧溪沼沚之毛③，蘋蘩蕰藻之菜④，
假若互信互谅，那山涧溪水中的浮萍、水藻一类的野菜，方筐、圆筐、烹

kuāng jǔ qí fǔ zhī qì⑤　　huáng wū xíng lǎo zhī shuǐ　　kě jiàn yú guǐ
筐筥锜釜之器⑤，潢污行潦之水，可荐于鬼
饪之器一类的器皿，甚至地面上的积水与流水，都可以敬献鬼神，贡奉给

shén　　kě xiū yú wáng gōng　　ér kuàng jūn zǐ jié èr guó zhī xìn　　xíng
神，可羞于王公，而况君子结二国之信，行
王公；何况君子于两国间建立信赖关系，按照礼仪行事，又何必用人质？

zhī yǐ lǐ　　yòu yān yòng zhì　　fēng　　yǒu cǎi fán　　cǎi pín
之以礼，又焉用质？《风》有《采蘩》《采蘋》，
《诗经·国风》有《采蘩》《采蘋》，《大雅》有《行苇》《泂酌》，这

yǎ　　yǒu xíng wěi　　jiǒng zhuó　　zhāo zhōng xìn yě
《雅》有《行苇》《泂酌》，昭忠信也。"
四篇诗文都是昭示忠实和信誉的。"

① 明恕：明察宽宥。② 要：约束。③ 沚：水中的小块陆地。毛：

泛指植物。④蘋：浮萍。蘩：白蒿。蕰：一种可做菜的水草。藻：一种藻类植物。⑤筥：圆形竹制容器。锜：有足的烹饪器。釜：无足的烹饪器。

深入浅出读古文

本篇就周王室与郑国之间交换人质以明各自诚信，而后又因种种芥蒂反目成仇的事情，阐述了作者"信不由中，质无益也"的观点。文章在客观上也反映了其时周室衰微，无力驾驭诸侯的历史背景。

文章通篇以"信"和"礼"二字着眼将周王室与郑国并称为"二国"，对这种"君不君，臣不臣"的状况进行了委婉讽刺。虽寥寥九十余字，却抵得上他人滔滔滚滚千万言，不愧为一篇奇文！

知识加油站

古代质子

质子外交是中国古代重要的外交策略，起源于春秋时期。一般多见于小国表示对大国的臣服，从此外交上处处受制于敌国。

shí què jiàn chǒng zhōu xū
石碏谏宠州吁

《左传》

wèi zhuāng gōng qǔ yú qí dōng gōng dé chén zhī mèi yuē zhuāng
卫庄公娶于齐东宫①得臣之妹，曰庄
卫庄公娶了齐国太子得臣的妹妹，名叫庄姜，她很美丽却没有儿子，

jiāng měi ér wú zǐ wèi rén suǒ wèi fù shuò rén yě yòu
姜，美而无子，卫人所为赋《硕人》②也。又
卫国人就为她写了《硕人》这首诗。庄公又从陈国娶来名叫厉妫的女子，生

qǔ yú chén yuē lì guī shēng xiào bó zǎo sǐ qí dì
娶于陈③，曰厉妫，生孝伯，蚤④死。其娣⑤
下孝伯，但他很小就死了。厉妫随嫁的妹妹，生了桓公，庄姜把他看作是自

dài guī shēng huán gōng zhuāng jiāng yǐ wéi jǐ zǐ gōng zǐ zhōu xū bì
戴妫生桓公，庄姜以为己子。公子州吁，嬖
己的儿子。公子州吁是庄公宠妾所生，受到庄公的宠爱，州吁喜欢军事，庄

rén zhī zǐ yě yǒu chǒng ér hào bīng gōng fú jìn zhuāng jiāng wù
人⑥之子也。有宠而好兵，公弗禁。庄姜恶
公也不禁止，庄姜很厌恶他。

zhī
之。

14

①东宫：太子之宫，此处意指太子。②《硕人》：相传是赞美庄姜的诗文。③陈：春秋时妫姓的诸侯国。④蚤：通"早"。⑤娣：妹妹。⑥嬖人：旧时指受宠爱的婢妾。

shí què jiàn yuē   chén wén ài zǐ   jiào zhī yǐ yì fāng

石碏①谏曰："臣闻爱子，教之以义方②，

石碏劝庄公说："臣听说爱怜儿子就要教他道义规矩，不让他走上

fú nà yú xié   jiāo shē yín yì   suǒ zì xié yě   sì zhě zhī lái

弗纳于邪。骄奢淫佚，所自邪也。四者之来，

邪路。骄傲、奢侈、放荡、安逸是走上邪路的开始。四种恶习的产生是由

chǒng lù guò yě   jiāng lì zhōu xū   nǎi dìng zhī yǐ   ruò yóu wèi yě

宠禄过也。将立州吁，乃定之矣；若犹未也，

过分的宠爱和过多的赏赐造成的。您若想立州吁为太子，就定下来；若还

jiē zhī wéi huò③   fú chǒng ér bù jiāo   jiāo ér néngjiàng   jiàng ér bú

阶之为祸③。夫宠而不骄，骄而能降，降而不

没有，过度的宠爱却会导致祸患。受到宠爱却不骄傲，骄傲却安于地位低下，

hàn   hàn ér néngzhěn④   zhě   xiǎn⑤   yǐ   qiě fú jiàn fáng guì   shào

憾，憾而能畛④者，鲜⑤矣。且夫贱妨贵，少

地位低下却能不怨恨，怨恨却能克制自己，这样的人太少了。卑贱妨害尊

líng zhǎng   yuǎn jiàn qīn   xīn jiàn jiù   xiǎo jiā dà   yín pò yì   suǒ

陵长，远间亲，新间旧，小加大，淫破义，所

贵，年少驾凌年长，疏远离间亲近，新人离间旧人，弱小欺侮强大，淫荡

wèi   liù nì   yě   jūn yì   chén xíng   fù cí   zǐ xiào   xiōng

谓'六逆'也。君义，臣行，父慈，子孝，兄

破坏道义，这就是人们常说的六种逆理之事。君王仁义，臣下恭行，为父

ài   dì jìng   suǒ wèi   liù shùn   yě   qù shùn xiào nì   suǒ yǐ

爱，弟敬，所谓'六顺'也。去顺效逆，所以

慈善，为子孝顺，为兄爱护，为弟恭敬，这就是人们常说的六种顺理之事。

速祸也。君人者⑥，将祸是务去，而速之，无
sù huò yě   jūn rén zhě   jiāng huò shì wù qù   ér sù zhī   wú

舍顺而学逆，就会招致祸害。作为人君，应消除祸害，而今却招致其到来，

乃不可乎？"
nǎi bù kě hū

恐怕不可以吧？"

弗听。其子厚与州吁游⑦，禁之，不可。
fú tīng   qí zǐ hòu yǔ zhōu xū yóu   jìn zhī   bù kě

庄公不听劝。石碏的儿子石厚和州吁来往密切，石碏禁止，石厚不听。

桓公立，乃老⑧。
huán gōng lì   nǎi lǎo

庄公死后，桓公即位，石碏便告老还乡了。

①石碏：卫国大夫。②义方：做人做事的道理和准则。③阶之为祸：
一步步酿成祸乱。④眈：忍耐而不轻举妄动。⑤鲜：少。⑥君人
者：指国君。⑦游：交往。⑧老：告老。

深入浅出读古文

此文讲述了卫国大夫石碏针对当时卫庄公对公子州吁"有宠而好兵，公弗禁"之事进行的规劝进谏。

文中，石碏谏言有三层内容：其一说明骄奢淫逸来源于娇纵溺爱；其二说明受宠则骄横，就不会安于自己地位低下，并且会心生怨恨；其三，从此以后，下欺上，疏间亲，祸事就注定要来了。这三层意思逻辑递进，环环相扣，入情入理，深入地分析了由宠致亡的必然性。这对子孙后代的教育很有意义。

知识加油站

大义灭亲

春秋时期，卫国的州吁杀兄篡位，导致众叛亲离。为了稳定王位，他就与心腹石厚商量办法。石厚去问父亲石碏，怎样巩固州吁的地位。在石碏的建议下，州吁和石厚去请陈桓公帮忙。殊不知，却被陈桓公扣留了。而这一切都是石碏的安排。石碏派人到陈国去，将州吁和石厚杀了。石碏的做法得到后人的赞许，人们称此举是"大义灭亲"。

曹刿论战

《左传》

十年春，齐师伐我[1]。公[2]将战。曹刿[3]

鲁庄公十年春，齐国军队前来攻打鲁国，庄公准备迎击。曹刿求见

请见。其乡人曰："肉食者谋之，又何间[4]焉？"

庄公。他的同乡人说："掌权的人会来谋划的，你又何必参与其中呢？"曹

刿曰："肉食者鄙[5]，未能远谋。"乃入见。

刿说："掌权的人见识短浅，不能深谋远虑。"于是入朝见庄公。

①我：指鲁国。②公：指鲁庄公。③曹刿：鲁国大夫。④间：参与。
⑤肉食者：指当权者。鄙：目光短浅。

问："何以战？"公曰："衣食所安，弗

（曹刿）问："您靠什么来作战？"庄公说："衣着吃食的享受，

敢专①也，必以分人。"对曰："小惠未遍，

不敢独自享用，必然分给别人。"曹刿对答道："小恩小惠不能遍及百姓，

民弗从也。"公曰："牺牲玉帛②，弗敢加③

百姓是不会跟从您的。"庄公说："祭祀用的牛羊玉帛，从不敢虚报，必说

也，必以信。"对曰："小信未孚④，神弗福

实话。"曹刿说："小的诚信不能让神灵信任，神灵是不会赐福的。"庄公说：

也。"公曰："小大之狱⑤，虽不能察，必以

"大大小小的诉讼官司，虽不能一一明察，但一定做到合理处置。"曹刿答道：

情⑥。"对曰："忠之属⑦也，可以一战。战

"这属于为百姓尽心办事的行为，可以凭这个打一仗。作战时请让我跟随。"

则请从。"

①专：独自享用。②牺牲：指古代供祭祀用的猪、牛、羊等牲畜。
玉帛：玉器和丝织品。③加：夸大。④孚：使人信服。⑤狱：诉
讼案件。⑥情：实情。⑦属：类。

gōng yǔ zhī chéng   zhàn yú cháng sháo   gōng jiāng gǔ zhī   guì
公与之乘。战于长勺①。公将鼓之，刿

庄公和他同乘一辆兵车。（鲁军）与齐军交战于长勺。庄公将要击

yuē   wèi kě   qí rén sān gǔ   guì yuē   kě yǐ
曰："未可。"齐人三鼓，刿曰："可矣！"

鼓进军，曹刿说："不可。"齐军击鼓三次之后，曹刿说："可以击鼓进军

qí shī bài jì   gōng jiāng chí   zhī   guì yuē   wèi kě   xià
齐师败绩。公将驰②之。刿曰："未可。"下

了。"齐军大败。庄公又要下令追击，曹刿说："不可。"他看了齐军战车

shì qí zhé   dēng shì   ér wàng zhī   yuē   kě yǐ   suì
视其辙③，登轼④而望之，曰："可矣。"遂

的车轮印迹，又登上车前的横木瞭望齐军撤退的情况，这才说："可以追击

zhú qí shī
逐齐师。

了。"于是对齐军进行了追击。

①长勺：鲁地名，在今山东莱芜东北。②驰：驱车追赶。③辙：
车辙。④轼：古代车厢前面供人手扶的横木。

jì kè   gōng wèn qí gù   duì yuē   fú   zhàn   yǒng
既克①，公问其故。对曰："夫②战，勇

战胜齐军以后，庄公问他其中的缘故。曹刿回答说："作战靠的是

qì yě   yì gǔ zuò qì   zài   ér shuāi   sān ér jié   bǐ jié wǒ
气也。一鼓作气，再③而衰，三而竭。彼竭我

勇气。击第一通鼓的时候，军队的士气便振作了起来；击第二通鼓的时候，

yíng   gù kè zhī   fú dà guó   nán cè yě   jù yǒu fú yān   wú
盈，故克之。夫大国，难测也，惧有伏焉。吾

士气就开始减弱；等到击第三通鼓的时候，士气就枯竭了。敌人的士气枯竭

shì qí zhé luàn　　wàng qí qí mǐ　　　　gù zhú zhī
视其辙乱，望其旗靡④，故逐之。"

而我军的士气旺盛，所以能够战胜他们。大国难以捉摸，恐怕其藏有伏兵。我看到他们战车的轮迹杂乱，旗子倒下了，确实是在败退，所以才下令追击他们。"

①克：战胜。②夫：句首语气词，表示要发表看法等。③再：第二次。④靡：倒下。

深入浅出读古文

　　长勺之战，是我国古代战争史上以弱胜强的经典战例之一。本篇讲述的是曹刿在战前与鲁庄公就是否可以作战进行的论辩。在作战过程中，通过把握时机克敌制胜的精彩指挥，以及通过战场细节判断敌情，做出追击敌军的正确决定，这些都反映了曹刿卓越的政治远见和军事才能。

　　文章说明了在战争中正确的战略防御原则——"取信于民""敌疲我打"，选择反攻和追击的有利时机，这样才能以小敌大，以弱胜强。

知识加油站

成语词汇

　　肉食者鄙：指身居高位、俸禄丰厚的人眼光短浅。（选自文句："刿曰：'肉食者鄙，未能远谋。'"）

　　一鼓作气：原意是作战擂响第一声战鼓时，士气最为高涨，比喻趁劲头大的时候鼓起干劲，一口气把工作做完。（选自文句："一鼓作气，再而衰，三而竭。"）

宫之奇谏假道

《左传》

晋侯复假道于虞以伐虢①。宫之奇②谏
晋献公又向虞国借路去攻打虢国。宫之奇劝谏虞公道："虢国，是

曰："虢，虞之表③也。虢亡，虞必从之。晋
虞国的外围。虢国灭亡，虞国必定会跟着灭亡。晋国的野心不可助长，这支

不可启，寇不可玩④，一之谓甚，其可再乎？
军队不可忽视。一次借路已经过分了，难道还可以再来一次吗？俗话说'颊

谚所谓'辅车⑤相依，唇亡齿寒'者，其虞、
骨与牙床互相依靠，嘴唇没有了，牙齿就要受寒'，这就像虞国和虢国互相

虢之谓也。"
依存的关系一样。"

①晋侯：指晋献公。假道：借路。虞：国名，在今山西平陆北。虢：国名，主要地域在今山西平陆南。②宫之奇：虞国大夫。③表：外围，屏障。④玩：轻视。⑤辅：指面颊。车：指牙床骨。

gōng yuē jìn wú zōng yě qǐ hài wǒ zāi
公曰："晋，吾宗①也。岂害我哉？"
虞公说："晋国，与我是同宗，难道会加害于我吗？"宫之奇回答说：

duì yuē tài bó yú zhòng tài wáng zhī zhāo yě tài bó bù
对曰："大伯、虞仲，大王之昭②也。大伯不
"泰伯、虞仲，是周始祖太王的儿子。泰伯不从父命，因此没有继承王位。

cóng shì yǐ bú sì guó zhòng guó shū wáng jì zhī mù yě wéi
从，是以不嗣。虢仲、虢叔，王季之穆也，为
虢仲、虢叔，是王季的儿子，做过文王的大臣，有功于周王朝，他们获得功

wén wáng qīng shì xūn zài wáng shì cáng yú méng fǔ jiāng guó shì
文王卿士，勋在王室，藏于盟府③。将虢是
勋的记录还藏在主持盟誓典策的官府之中。现在晋国既然连虢国都想灭掉，

miè hé ài yú yú qiě yú néng qīn yú huán zhuāng hū qí ài
灭，何爱于虞？且虞能亲于桓、庄④乎，其爱
对虞国又有什么可爱惜的？况且虞国与晋国，能比桓、庄两族与晋国更亲近

zhī yě huán zhuāng zhī zú hé zuì ér yǐ wéi lù bù wéi bī
之也？桓、庄之族何罪，而以为戮，不唯逼⑤
吗？晋君爱护桓、庄两族吗？桓、庄两族有什么罪过？晋献公杀掉他们，不

hū qīn yǐ chǒng bī yóu shàng hài zhī kuàng yǐ guó hū
乎？亲以宠逼，犹尚害之，况以国乎？"
就是因为近亲的势力威胁到自己了吗？亲族由于受宠而对自己产生了威胁，
晋献公尚且杀了他们，何况一个国家呢？"

① 宗：同宗。② 昭：宗庙里神主的位次。始祖居中，二世、四世、六世位于始祖之左方，称"昭"；三世、五世、七世位于右方，称"穆"。

③ 盟府：掌管盟约、典策的官府。④ 桓、庄：桓叔、庄伯，分别为晋献公的曾祖和祖父。⑤ 逼：威胁。

gōng yuē

公曰："吾享祀丰洁，神必据①我。"

虞公说："我祭祀鬼神的祭品丰盛而干净，神灵必然在我们这边。"

duì yuē　　　chén wén zhī　　　guǐ shén fēi rén shí qīn　　　wéi dé shì yī

对曰："臣闻之，鬼神非人实亲，惟德是依。

宫之奇回答说："我听说，鬼神不会随便亲近哪一个人，只保佑有德行的人。

gù　　zhōu shū②　　yuē　　　huáng tiān wú qīn　　wéi dé shì fǔ

故《周书》②曰：'皇天无亲，惟德是辅。'

所以《周书》上说，'上天没有私亲，只辅助那些有德行的人'，又说'祭

yòu yuē　　　shǔ jì fēi xīn　　míng dé wéi xīn　　　yòu yuē　　　mín

又曰：'黍稷非馨，明德惟馨。'又曰：'民

祀用的黍稷不算芳香，只有美好的德行才是芳香的'，又说'人们进献的祭

bú yì wù　　wéi dé yī wù　　　rú shì　　zé fēi dé　　mín bù

不易物，惟德繄物。'如是，则非德，民不

品相同，神灵只享用有德之人的祭品'。如此看来，没有德行，百姓不能和睦，

hé　　shén bù xiǎng yǐ　　shén suǒ píng yī　　jiāng zài dé yǐ　　ruò jìn

和，神不享矣。神所冯依③，将在德矣。若晋

神灵就不会享用祭品。神灵所依从的，只是德行罢了。如果晋国攻取了虞国，

qǔ yú　　　ér míng dé　　yǐ jiàn xīn xiāng④　　shén qí tǔ zhī hū

取虞，而明德以荐馨香④，神其吐之乎？"

能够修明德行让祭品真正地发出芳香，神灵还会吐出来吗？"

① 据：依从。② 《周书》：古代周朝的书。③ 冯依：凭依。冯：同"凭"。④ 馨香：用作祭品的黍稷。

fú tīng　　xǔ jìn shǐ　　gōng zhī qí yǐ qí zú xíng　　yuē
弗听，许晋使。宫之奇以其族行，曰：

虞公不听，答应了晋国使臣的要求。宫之奇带领他的族人离开了虞国，

yú bú là ① yǐ　　zài cǐ xíng yě　　jìn bú gèng ② jǔ yǐ
"虞不腊①矣。在此行也，晋不更②举矣。"

临行前说："虞国等不到年终的祭祀了。虞国的灭亡，就在晋军的这次行动

dōng jìn miè guó jīng shī　　shī huán　　guǎn yú yú　　suì xí yú　　miè
冬晋灭虢京师。师还，馆于虞，遂袭虞，灭

中，晋国用不着再次发兵了。"冬天，晋国灭掉了虢国。回师途中驻军虞国，

zhī　　zhí yú gōng
之。执虞公。

乘机灭掉了虞国，俘虏了虞公。

① 腊：腊祭，年终合祭众神。② 更：再次。

深入浅出读古文

"假道灭虢"是我国古代军事谋略的一个重要内容，而"辅车相依，唇亡齿寒"的朴素思想更具有恒久不变的深刻战略意义。

本文开头只用"晋侯复假道于虞以伐虢"一句点明事件的起因及背景，然后揭露出晋侯残酷无情的本质，最后提醒虞公，国家存亡在于德行，而不在于神灵，强调人的作用，反映了当时的民本思想，表现了宫之奇的远见卓识。

文章结构严谨，条理清晰，语言简洁有力，多用比喻句和反问句，如用"辅车相依，唇亡齿寒"比喻虞、晋的利害关系，十分贴切、生动，很有说服力。

知识加油站

古代谚语

辅车相依，唇亡齿寒：辅车相依，指颊骨和齿床互相依靠，比喻两者关系密切，互相依存。唇亡齿寒，指嘴唇没有了，牙齿就会感到寒冷，比喻利害密切相关。此谚语的意思指命运紧密相关联。（选自文句："谚所谓'辅车相依，唇亡齿寒'者，其虞、虢之谓也。"）

齐桓公下拜受胙

《左传》

会于葵丘①，寻②盟，且修好，礼也。王
齐桓公和众诸侯在葵丘会面，重申过去的盟约，彼此修好，这是合

使宰孔赐齐侯胙③，曰："天子有事于文武，
乎礼法的。周天子派宰孔赐祭肉给齐桓公，说："天子正忙着祭祀文王、武

使孔赐伯舅④胙。"齐侯将下拜。孔曰："且
王的事，派我赐给伯舅祭肉。"齐桓公正要跪拜谢恩。宰孔说："且慢，天

有后命。天子使孔曰：'以伯舅耋老⑤，加
子还有别的命令。天子让我告诉您，'因为伯舅老了，加之对王室有功，赐

劳，赐一级，无下拜。'"对曰："天威不违
爵一级，不用下拜'。齐桓公回答道："天子的威严近在咫尺，小白我怎

颜咫尺⑥，小白⑦余敢贪天子之命'无下拜'！
敢贪受天子'不必下阶拜谢'的宠命？如果那样做了，恐怕就要在下面颠坠

恐^{kǒng} 陨^{yǔn} 越^{yuè} ^⑧ 于^{yú} 下^{xià}，以遗天子羞^{yǐ yí tiān zǐ xiū}，敢不下拜^{gǎn bú xià bài}！"

跌倒，使天子蒙受羞辱，怎敢不下阶拜谢？"于是从台阶上下来，跪拜，又

下^{xià}，拜^{bài}，登^{dēng}，受^{shòu} ^⑨。

登上台阶，接受了祭肉。

①葵丘：齐国地名，在今河南兰考。②寻：重申。③王：指周襄王。宰孔：周天子使臣。胙：祭祀时用的肉。根据周礼，天子祭祀社稷用的肉，只赏赐给同姓诸侯。齐是姜姓国，不应受赏。周天子赐给齐桓公祭肉，是表示对齐国的一种特殊礼遇。④伯舅：周王室是与异姓诸侯通婚的，所以尊称他们为伯舅。⑤耋老：年老。耋，七十岁。⑥咫尺：形容距离很近。⑦小白：齐桓公小名。⑧陨越：摔倒，指违背礼法。⑨下，拜，登，受：领受天子赏赐时，先下阶，叩首至地，再登堂，接受赐品。

深入浅出读古文

公元前651年，齐桓公和诸侯会盟于葵丘，历史上称为"葵丘之盟"。周天子也派代表出席了这次会盟，承认齐桓公为中原霸主。此文所写的就是周天子派使臣封赐桓公时的一个场面。

周天子的使节宰孔赐给桓公祭肉的时候说"无下拜"，可桓公说道："天威不违颜咫尺，小白余敢贪天子之命……"说完后，文中用了四个字——"下，拜，登，受"进行刻画，桓公以礼答谢周天子的情形跃然纸上，把一个雄才大略、老谋深算的形象刻画得形神毕肖。

此文短小精悍，不过百字，却四次提及"天子"、五次说到"下拜"，可见此文目的在于宣扬诸侯要遵守礼法。

知识加油站

跪拜礼

跪拜礼是古代的一种交际礼仪。按照周代礼仪的规定，当时对跪拜的动作和对象作了严格的规范。跪拜礼分稽首、顿首、空首，称为"正拜"。行稽首礼时，拜者必须屈膝跪地，左手按右手，支撑在地上，然后缓缓叩首到地，稽留多时，手在膝前，头在手后，这是"九拜"中最重的礼节。一般用于臣子拜见君王和祭祀先祖的礼仪。

子鱼论战

《左传》

楚人伐宋以救郑。宋公①将战，大司
马②固谏曰："天之弃商久矣③，君将兴④
之，弗可赦⑤也已。"弗听。

> 楚国攻打宋国以救郑国。宋襄公准备应战，大司马公孙固劝谏说："上天抛弃我商国已经很久了，主公想要复兴，这是得不到宽恕的。"宋襄公不听。

①宋公：宋襄公。②大司马：掌管军政的官员。③天之弃商久矣：因宋国是商朝的后裔所建，所以说弃"商"久矣。④兴：复兴。⑤赦：宽恕。

及楚人战于泓①。宋人既成列，楚人未

宋军与楚军战于泓水。宋军已经摆好阵势，楚军还没有全部渡河。

既济②。司马曰："彼众我寡，及其未既济

司马说："敌众我寡，趁他们没有完全渡河，请下令攻打他们。"宋襄公说：

也，请击之。"公曰："不可。"既济而未成

"不行。"当楚军已经全部渡河，但尚未摆好阵势之时，司马又请求攻击。

列，又以告。公曰："未可。"既陈③而后击

宋襄公说："不行。"等楚军摆好了阵势，才开始攻打，结果宋军大败，宋

之，宋师败绩。公伤股④，门官⑤歼焉。

襄公大腿受伤，近卫队也被歼灭了。

①泓：即泓水名，在今河南柘城西北。②济：渡河。③陈：通"阵"，
列阵。④股：大腿。⑤门官：指国君的卫队。

国人皆咎①公。公曰："君子不重伤②，

宋国人都埋怨宋襄公。宋襄公说："君子不伤害已经受伤的人，不

不禽二毛③。古之为军也，不以阻隘也。寡人

捉拿头发花白的人。古人作战，不在隘口处阻击敌人。我虽然是已亡国的商

虽亡国之余，不鼓④不成列。"

朝的后代，但也不会攻打没有摆好阵势的敌人。"

①咎：指责，怪罪。②重伤：再一次伤害。③禽：通"擒"。二毛：指头发花白的人。④鼓：击鼓，号令进军攻击。

子鱼①曰："君未知战。勍敌②之人，隘
子鱼说："主公并不懂得战争。强大的敌人，因为地形狭窄摆不开

而不列，天赞我也。阻而鼓之，不亦可乎？犹
阵势，这是上天在帮我们，这时候对其加以拦截然后攻打他们，不也是可以

有惧焉。且今之勍者，皆吾敌也。虽及胡耇③，
的吗？这样尚且担心不能取胜，况且今天这些强悍的楚兵，都是我们的敌人；

获则取之，何有于二毛？明耻教战，求杀敌
即使是老人，捉住了就带回来，头发花白的人又如何！对士兵讲明耻辱，教

也。伤未及死，如何勿重？若爱④重伤，则
导作战，是为了杀敌。敌人受伤还没死，为什么不能再次攻击使其毙命？如

如勿伤；爱其二毛，则如服⑤焉。三军以利用
果可怜那些受伤的人不再次加以伤害，那还不如开始就不要击伤他。同情年

也，金鼓以声气也。利而用之，阻隘可也。声
长的敌人，还不如向他们投降。用兵讲求抓住有利的条件和时机，即使是在

盛致志，鼓儳⑥可也。"
险阻隘口打击敌人，也是应该的；锣鼓响亮是为了振作士气，攻打没有摆开
阵势的敌人也是可以的。"

①子鱼：曾为宋大司马。②勍敌：强劲的敌人。③胡耇：老人。
④爱：怜悯。⑤服：归服。⑥儳：不整齐，这里指队形混乱的敌军。

深入浅出读古文

　　公元前638年，宋军与楚军战于泓水，由于宋襄公不听劝告，一再错失战机，最终战败。

　　此文是对宋楚泓水之战始末的记述，以对话的形式展现了两种对立的军事思想的激烈冲突，成功刻画了子鱼的英明远见与宋襄公迂腐固执的形象。

　　全文篇幅不长，写子鱼论述战争的时候，多用四言句式，同时又夹杂着五言、六言，衔接得当，一气呵成。同时，子鱼的辞令中多判断句式和反问句式，从"勍敌之人"到"阻隘可也"，使用三个反问句、五个判断句，强调了子鱼所说的打仗应以取胜为先的观点。反问句和判断句交叉使用，层次鲜明，言辞有力，读起来酣畅淋漓。

知识加油站

成语词汇

　　不擒二毛：指不擒拿年长的人。（选自文句："公曰：'君子不重伤，不禽二毛。'"）

　　明耻教战：解释为教导士兵作战，使他们知道退缩就是耻辱，因而能够奋勇向前，杀敌取胜。（选自文句："明耻教战，求杀敌也。"）

jiè zhī tuī bù yán lù
介之推不言禄

《左传》

jìn hóu   shǎng cóng wáng zhě   jiè zhī tuī bù yán lù   lù
晋侯①赏从亡者，介之推不言禄②，禄
晋文公奖赏跟随他逃亡的人，介之推不求爵禄，而赏赐爵禄的时候

yì fú jí
亦弗及。
也没有考虑到他。

①晋侯：晋文公重耳。②介之推：晋国贵族。禄：禄赏，赏赐。

tuī yuē   xiàn gōng zhī zǐ jiǔ rén   wéi jūn zài yǐ   huì
推曰："献公之子九人，唯君在矣。惠、
介之推说："献公有九个儿子，只有君侯还活在世上。晋惠公、晋

huái   wú qīn   wài nèi qì zhī   tiān wèi jué jìn   bì jiāng yǒu zhǔ
怀①无亲，外内弃之。天未绝晋，必将有主。
怀公没亲近的人，国外、国内都厌弃他们。上天还没有想让晋国灭亡，所以

39

zhǔ jìn sì zhě　　fēi jūn ér shuí　　tiān shí zhì zhī　　ér èr sān zǐ yǐ
主晋祀者，非君而谁？天实置之，而二三子以
晋国一定会等到贤明的君主。能主持晋国祭祀大典的人，不是君侯又能是谁

wéi jǐ lì　　bú yì wū hū　　qiè rén zhī cái　　yóu wèi zhī dào
为己力，不亦诬乎？窃人之财，犹谓之盗，
呢？这实在是上天要立他为君，而那随他逃亡的人却认为是自己的功劳，这

kuàng tān tiān zhī gōng yǐ wéi jǐ lì hū　　xià yì qí zuì　　shàng shǎng qí
况贪天之功以为己力乎？下义其罪，上赏其
不是欺骗吗？偷别人的财物，尚且叫作盗窃，何况是贪上天之功以为是自己

jiān　　shàng xià xiāng méng②　　nán yǔ chǔ yǐ
奸，上下相蒙②，难与处矣。"
的功劳呢？居于下位的人把这种罪过当成是正义，处于上位的又奖赏他们
的奸诈行为，上下相互蒙蔽，就难以和他们相处了。"

qí mǔ yuē　　hé③　　yì qiú zhī　　yǐ sǐ　　shuí duì
其母曰："盍③亦求之？以死，谁怼④？"
介之推的母亲说："你何不也去请求赏赐呢？就这样死去，又能怨

duì yuē　　yóu ér xiào zhī　　zuì yòu shèn yān　　qiě chū yuàn yán　　bù
对曰："尤而效之，罪又甚焉。且出怨言，不
恨谁呢？"介之推回答说："明知是错误而去效仿，罪过就重了。况且我已

shí qí shí⑤　　qí mǔ yuē　　yì shǐ zhī zhī　　ruò hé
食其食⑤。"其母曰："亦使知之，若何？"
口出怨言，就不能再吃他的俸禄了。"他母亲说："也要让君侯知道一下此

duì yuē　　yán⑥　　shēn zhī wén⑦　　yě　　shēn jiāng yǐn　　yān yòng wén
对曰："言⑥，身之文⑦也；身将隐，焉用文
事，怎样？"介之推答道："言语，是自己的文饰。自身将要隐退，哪里还

zhī　　shì qiú xiǎn yě　　qí mǔ yuē　　néng rú shì hū　　yǔ rǔ
之？是求显也。"其母曰："能如是乎？与汝
用得着文饰？这样做那就是想要求得显达了。"他母亲说："你真能够做到

xié yǐn　　suì yǐn ér sǐ
偕隐。"遂隐而死。
这样吗？那我同你一起隐居吧。"于是他们便隐居山林，一直到死。

①惠、怀：指晋惠公、晋怀公。②蒙：蒙蔽。③盍：何不。④怼：怨恨。⑤食：俸禄。⑥言：言谈。⑦文：文饰。

jìn hóu qiú ① zhī bú huò yǐ mián shàng ② wéi zhī tián
晋侯求①之不获，以绵上②为之田。

晋文公到处找他们都找不到，就把绵上作为他的封田，说："用这

yuē yǐ zhì ③ wú guò qiě jīng ④ shàn rén
曰："以志③吾过，且旌④善人。"

来记录我的过失，以此表彰善良的人。

①求：访求。②绵上：介之推隐居处，在今山西介休东南。③志：记下。④旌：表彰。

────────── 深入浅出读古文 ──────────

　　晋国公子重耳曾在外流亡，介之推一直追随他左右。后来，重耳返回晋国，登上了王位，是为晋文公。晋文公为表彰有功之臣，对他们进行了封赏，唯独介之推没有获得封赏，而他也没有主动向晋文公邀功。此文通过介之推与母亲的一番话，表现了介之推耿介廉洁的情操。

　　介之推母亲一共说了三句话，第一句说"盍亦求之？以死，谁怼"，表面上看起来，是对介之推行为的不理解和埋怨，实则作者在此处埋下一伏笔；第二句说"亦使知之，若何"，态度则和缓了许多；当儿子表示"身将隐"时，她才表达了自己"与汝偕隐"的心意。介之推所以会隐居山野，其母在很大程度是支持的。三句文字味道不同，却能从中看出介之推母亲的深邃智慧。

知识加油站

寒食节

　　春秋时期，晋国公子重耳曾流亡他国19年，介之推始终追随左右，为了让重耳活命，甚至把腿上的肉割了一块，与野菜同煮成汤给重耳喝。重耳当上国君后，介之推不求利禄，与母亲归隐绵山，晋文公为迫其出山而下令烧山，介之推最终被火烧死。晋文公为感念他，为其修祠立庙，并下令在介之推死难之日禁火寒食，以寄哀思，这就是"寒食节"的由来。

烛之武退秦师

zhú zhī wǔ tuì qín shī

《左传》

晋侯、秦伯①围郑，以其无礼于晋，且贰

jìn hóu qín bó wéi zhèng yǐ qí wú lǐ yú jìn qiě èr

晋文公和秦穆公联合围攻郑国，因为郑国曾对晋文公无礼，并且从

于楚②也。晋军函陵③，秦军氾南④。

yú chǔ yě jìn jūn hán líng qín jūn fán nán

属于晋时又同时从属于楚。晋军驻扎在函陵，秦军驻扎在氾南。

①晋侯、秦伯：晋文公和秦穆公。②贰于楚：从属晋国，同时又
从属楚国。③函陵：地名，在今河南新郑市北。④氾南：氾水之南。

佚之狐①言于郑伯曰："国危矣！若使

yì zhī hú yán yú zhèng bó yuē guó wēi yǐ ruò shǐ

佚之狐对郑文公说："郑国危险了，如果能派烛之武去见秦穆公，

烛之武见秦君，师必退。"公从之。辞②曰：

zhú zhī wǔ jiàn qín jūn shī bì tuì gōng cóng zhī cí yuē

那么前来征讨的军队一定能撤走。"郑文公听从了他的建议。可是烛之武却

chén zhī zhuàng yě　yóu bù rú rén　jīn lǎo yǐ　wú néng wéi yě yǐ
"臣之壮也，犹不如人；今老矣，无能为也已。"
推辞说："臣壮年的时候，尚且不如别人；现在老了，做不成什么了。"郑

gōng yuē　　wú bù néng zǎo yòng zǐ　jīn jí　ér qiú zǐ　shì guǎ
公曰："吾不能早用子，今急③而求子，是寡
文公说："我没能及早地任用你，如今形势危急才来求你，这是我的过错。

rén zhī guò yě　rán zhèng wáng　zǐ yì yǒu bú lì yān　xǔ zhī
人之过也。然郑亡，子亦有不利焉！"许之。
然而郑国灭亡了，对你也有不利的地方啊！"烛之武于是答应了。

①佚之狐：郑国大夫。②辞：推辞。③急：危急。

yè zhuì①　ér chū　jiàn qín bó　yuē　qín　jìn wéi
夜缒①而出。见秦伯，曰："秦、晋围
当天夜里烛之武就用绳子从城上吊下去，见到秦穆公，说："秦国

zhèng　zhèng jì zhī wáng yǐ　ruò wáng zhèng ér yǒu yì yú jūn　gǎn yǐ
郑，郑既知亡矣。若亡郑而有益于君，敢以
和晋国围攻郑国，郑国已经知道要灭亡了。如果郑国的灭亡对您有好处，那

fán zhí shì②　yuè guó yǐ bǐ yuǎn　jūn zhī qí nán yě　yān yòng wáng
烦执事②。越国以鄙远，君知其难也。焉用亡
就烦劳您手下的人把郑国灭掉。隔着别国想把远方的土地作为自己的领土，

zhèng yǐ péi lín　lín zhī hòu　jūn zhī bó③　yě　ruò shě zhèng yǐ
郑以陪邻？邻之厚，君之薄③也。若舍郑以
您知道这是很难的，何必要灭掉郑国而增加邻邦晋国的土地呢？邻邦的国力

wéi dōng dào zhǔ　xíng lǐ④　zhī wǎng lái　gōng⑤　qí fá kùn　jūn
为东道主，行李④之往来，共⑤其乏困，君
雄厚了，您的国力也就相对削弱了。假如放弃灭郑的打算而让其作为您东方

yì wú suǒ hài　　　qiě jūn cháng wéi jìn jūn cì yǐ　　xǔ jūn jiāo　xiá
亦无所害。且君尝为晋君赐矣，许君焦、瑕，
道路上的主人，秦国使者往来，郑国可以供给他们所缺的东西，对您也没有

zhāo jì ér xī shè bǎn ⑥ yān　　jūn zhī suǒ zhī yě　　fú jìn　　hé
朝济而夕设版⑥焉，君之所知也。夫晋，何
什么害处。况且您曾有恩于晋君，他答应过把焦、瑕二地给您作为报答。然

yàn zhī yǒu？ jì dōng fēng zhèng　　yòu yù sì qí xī fēng　　ruò bù quē ⑦
厌之有？既东封郑，又欲肆其西封。若不阙⑦
而，他早上渡河回到了晋国，晚上就修起了城墙，这您是知道的。晋国哪有

qín　　jiāng yān qǔ zhī　　quē qín yǐ lì jìn　　wéi jūn tú zhī
秦，将焉取之？阙秦以利晋，唯君图之。"
满足的时候？等它在东边把疆土扩大到吞并了郑国，就会想扩张西边的疆土。
不侵损秦国，如何能取得土地？秦国受损而晋国受益，请您仔细斟酌吧。"

①缒：系在绳上放下去。②执事：指代秦穆公。③薄：削弱。④行李：
外交使者。⑤共：通"供"。⑥设版：筑城墙设防。⑦阙：损害。

qín bó yuè ①　　　yǔ zhèng rén méng　　shǐ qǐ zǐ　　páng sūn　　yáng
秦伯说①，与郑人盟，使杞子、逢孙、杨
秦穆公很高兴，就与郑国订立了盟约，并派杞子、逢孙、杨孙驻守郑国，

sūn ② shù zhī　nǎi huán　　zǐ fàn　　qǐng jī zhī　　gōng yuē　　　bù
孙②戍之，乃还。子犯③请击之。公曰："不
他则率军回国去了。子犯请求晋文公下令攻打秦军。晋文公说："不行。假

kě　wēi fú rén ④ zhī lì bù jí cǐ　　yīn rén zhī lì ér bì ⑤
可。微夫人④之力不及此。因人之力而敝⑤
如没有那个人的支持，我到不了今天。借助了别人的力量而又去伤害他，这

zhī　bù rén　shī qí suǒ yǔ ⑥　bú zhì ⑦　yǐ luàn yì zhěng
之，不仁；失其所与⑥，不知⑦；以乱易整，
是不仁；失掉自己的同盟国，这是不智；以混乱代替和睦，这是不讲武德。

bù wǔ　　wú qí huán yě　　　　yì qù zhī

不武。吾其还也。"亦去之。

我们还是回去吧！"于是晋军也撤离了郑国。

①说：通"悦"，高兴。②杞子、逢孙、杨孙：三人都是秦国大夫。
③子犯：晋国大夫。④微：非。夫人：指秦穆公。夫，语气助词。
⑤敝：损害。⑥所与：盟国。⑦知：通"智"，明智。

深入浅出读古文

　　烛之武在国家危难之际，临危受命，深明大义，不避险阻，只身去说服秦君，以一己之力，使郑国免于灭亡，表现了他机智善辩的外交才能和维护国家安全的爱国精神。

　　文章主要讲烛之武是怎样说退秦师的，所以重点放在烛之武的说辞上——句句动人，面面俱到，步步深入，具有很强的说服力。烛之武善于把握利害关系，只字不提郑国利益，而是站在秦国的立场上，分析亡郑对晋有利，实际上是挑拨秦晋之间的关系，旨在瓦解秦晋联盟。

蹇叔哭师
jiǎn shū kū shī

《左传》

杞子①自郑使告于秦曰："郑人使我掌
qǐ zǐ zì zhèng shǐ gào yú qín yuē zhèng rén shǐ wǒ zhǎng
秦国大夫杞子从郑国派人告诉秦国说："郑国人让我掌管他们国都

其北门之管②，若潜师以来，国可得也。"穆
qí běi mén zhī guǎn ruò qián shī yǐ lái guó kě dé yě mù
北门的钥匙，如果偷偷派兵前来，郑国唾手可得。"秦穆公为此征求蹇叔意见。

公访诸蹇叔③。蹇叔曰："劳师以袭远，非所
gōng fǎng zhū jiǎn shū jiǎn shū yuē láo shī yǐ xí yuǎn fēi suǒ
蹇叔说："让军队去袭击远方的国家，我没有听说过。军队辛劳，精疲力竭，

闻也。师劳力竭，远主备之，无乃不可乎？师
wén yě shī láo lì jié yuǎn zhǔ bèi zhī wú nǎi bù kě hū shī
远方的国家又有所防备，这样做恐怕不行吧？我们军队的举动，郑国必定会

之所为，郑必知之。勤而无所，必有悖心④。
zhī suǒ wéi zhèng bì zhī zhī qín ér wú suǒ bì yǒu bèi xīn
知道。使军队辛苦奔波而无所得，军队一定会产生叛逆的念头。再说行军千

且行千里，其谁不知？"公辞焉。召孟明、西
qiě xíng qiān lǐ qí shuí bù zhī gōng cí yān zhào mèngmíng xī
里，谁会不知道？"秦穆公不接受他的意见，召见了孟明视、西乞术和白乙

qǐ bái yǐ⑤ shǐ chū shī yú dōng mén zhī wài jiǎn shū kū zhī
乞、白乙⑤，使出师于东门之外。蹇叔哭之，
丙，让他们从东门外出兵伐郑。蹇叔哭着送他们说："孟明啊，我看着大军

yuē mèng zǐ wú jiàn shī zhī chū ér bú jiàn qí rù yě gōng
曰："孟子，吾见师之出而不见其入也！"公
出发却不会看到他们回来了！"秦穆公派人对蹇叔说："你知道什么！如果

shǐ wèi zhī yuē ěr hé zhī zhōngshòu⑥ ěr mù zhī mù gǒng yǐ
使谓之曰："尔何知？中寿⑥，尔墓之木拱矣！"
你只活到中寿就死了，那你坟上的树该长到两手合抱粗了！"

①杞子：秦国大夫。②管：钥匙。③蹇叔：秦国大夫。④悖心：
怨恨之心。⑤孟明、西乞、白乙：三人都是秦国的将领。⑥中寿：
六十岁左右，此时蹇叔已经七十八岁了，过了中寿。

jiǎn shū zhī zǐ yù① shī kū ér sòng zhī yuē jìn rén
蹇叔之子与①师，哭而送之，曰："晋人
蹇叔的儿子在出征的队伍里，蹇叔哭着送儿子说："晋国人必定在

yù shī bì yú xiáo② xiáo yǒu èr líng yān qí nán líng xià hòu gāo③
御师必于崤②。崤有二陵焉：其南陵，夏后皋③
崤山抗击我军。崤有两座山头，南面的山头是夏王皋的坟墓，北面的山头是

zhī mù yě qí běi líng wén wáng zhī suǒ bì④ fēng yǔ yě bì sǐ
之墓也；其北陵，文王之所辟④风雨也。必死
周文王避风雨的地方。你们一定会战死在这两座山头之间，我就在那里收你

shì jiān yú shōu ěr gǔ yān qín shī suì dōng
是间，余收尔骨焉。"秦师遂东。
的尸骨吧！"秦国军队接着就向东进发了。

①与：参与。②崤：山名，在今河南洛宁县西北。③夏后皋：夏代天子，名皋。④辟：通"避"，躲避。

深入浅出读古文

公元前628年，一代霸主晋文公去世。秦穆公见晋文公已死，便想称霸中原，于是派孟明视、白乙丙、西乞术三帅率部攻打郑国。大臣蹇叔极力反对，理由是秦国与郑国相隔千里，即使军队能到达郑国，也一定会疲惫不堪。但秦穆公一意孤行，结果中途秦军遭晋军伏击，几乎全军覆没。

这篇文章写的是蹇叔在秦军出师前的劝谏辞令，以及无力阻止后"哭师"的情形。文章虽短，却成功地塑造了一个老成先见、忧国虑远的老臣形象和一个刚愎自用、利令智昏的君主形象。两个形象形成了鲜明对比。

知识加油站

大秦名相蹇叔

蹇叔，春秋时著名的政治家和军事家。早年游历齐国时，收留百里奚。后来，经过百里奚引荐，进入秦国，开始辅佐秦穆公。作为一个政治家，蹇叔晚年以其旷世逸才，和百里奚一起大大推动了秦国的发展进程，使秦穆公成为了"春秋五霸"之一。

wáng sūn mǎn duì chǔ zǐ
王孙满对楚子

《左传》

chǔ zǐ fá lù hún zhī róng ①，suì zhì yú luò ②，guān bīng yú
楚子伐陆浑之戎①，遂至于洛②，观兵于
楚庄王攻打陆浑之戎，于是来到洛河，陈兵于周境内。周定王派王

zhōu jiāng dìng wáng shǐ wáng sūn mǎn láo chǔ zǐ ③ chǔ zǐ wèn dǐng zhī dà
周疆。定王使王孙满劳楚子③。楚子问鼎之大
孙满慰劳楚庄王。楚庄王问起了九鼎的大小和轻重。王孙满回答说："大小、

xiǎo qīng zhòng yān duì yuē zài dé bú zài dǐng xī xià zhī fāng yǒu
小轻重焉。对曰："在德不在鼎。昔夏之方有
轻重在于德而不在于鼎。从前夏朝施行德政的时候，描绘远方的各种奇异事

dé yě yuǎn fāng tú wù gòng jīn jiǔ mù zhù dǐng xiàng wù bǎi wù
德也，远方图物，贡金九牧。铸鼎象物，百物
物的图像，九州又进贡了各自出产的铜。夏王于是用这些铜铸成了九鼎，把

ér wéi zhī bèi shǐ mín zhī shén jiān gù mín rù chuān zé shān lín
而为之备，使民知神奸。故民入川泽山林、
图像铸在鼎上，鼎上各种事物都具备，使百姓懂得哪些是神，哪些是邪恶的

bù féng bú ruò ④ chī mèi wǎng liǎng ⑤ mò néng féng zhī yòng néng xié
不逢不若④。螭魅罔两⑤，莫能逢之。用能协
东西。所以百姓进入江河湖泊或深山密林，就不会碰上不好驯服的东西。因

yú shàng xià　　　yǐ chéng tiān xiū　　jié yǒu hūn dé　　dǐng qiān yú shāng
于上下，以承天休。桀有昏德，鼎迁于商，
此能使上下和谐，承受上天的福佑。夏桀昏乱无德，九鼎于是迁到商朝，前

zǎi sì⑥ liù bǎi　　shāngzhòu bào nüè　　dǐng qiān yú zhōu　　dé zhī xiū míng⑦
载祀⑥六百。商纣暴虐，鼎迁于周。德之休明⑦，
后六百年；商纣暴虐，九鼎又迁到了周朝。如果德行光明，九鼎虽小，也重

suī xiǎo　　zhòng yě　　qí jiān huí⑧　　hūn luàn　　suī dà　　qīng yě　　tiān
虽小，重也；其奸回⑧昏乱，虽大，轻也。天
得无法迁走。如果奸邪昏乱，九鼎再大，也是轻的。上天保佑有圣明德行的

zuò⑨　　míng dé　　yǒu suǒ zhǐ zhǐ　　chéngwáng dìng dǐng yú jiá rǔ⑩　　　　bǔ
祚⑨明德，有所厎止。成王定鼎于郏鄏⑩，卜
人，也是有限度的。成王将九鼎安放在王城时，曾占卜预测周朝传国三十代，

shì sān shí　　bǔ nián qī bǎi　　tiān suǒ mìng yě　　zhōu dé suī shuāi　　tiān
世三十，卜年七百，天所命也。周德虽衰，天
享国七百年，这个期限是由上天决定的。周朝的德行虽然衰落，但天命并没

mìng wèi gǎi　　dǐng zhī qīngzhòng　　wèi kě wèn yě
命未改。鼎之轻重，未可问也。"
有改变。九鼎的轻重，也就不必询问了。"

①楚子：楚庄王，春秋五霸之一。陆浑之戎：我国古代西北地区
的少数民族的一支。②洛：洛水。源出陕西，经河南入黄河。③王
孙满：周大夫。劳：慰劳。④不若：不顺利。⑤螭魅：通"魑魅"，
古代传说中山林中的精怪，能作崇祸人。罔两：通"魍魉"，传
说是水中的精怪。⑥载祀：年的别名。⑦休明：美好清明。⑧奸回：
奸恶邪僻。⑨祚：赐福。⑩郏鄏：周朝东都，在今河南省洛阳市。

——深入浅出读古文——

公元前606年，楚庄王在讨伐陆浑之戎时，突然陈兵至周王室的边境线上。周王室大惊，急忙派大夫王孙满前去慰劳楚师。楚庄王借机向王孙满询问周鼎的轻重大小。鼎是一国的权力象征，王孙满看出楚王的野心，告诉他朝代兴衰"在德不在鼎"的道理。

楚王本来要询问鼎的大小和轻重，王孙满却避开这一问题，第一句话就说"在德不在鼎"，后面就围绕这一话题展开。此文虽然重点说的是德，但始终没有离开楚王的问题。

知识加油站

成语词汇

不逢不若：意思是不迎合，不顺从。（选自文句："故民入川泽山林、不逢不若。"）

螭魅罔两：亦作"魑魅魍魉"，原指古代传说中山泽里的鬼怪妖精，比喻各种各样的坏人。（选自文句："螭魅罔两，莫能逢之。"）

晏子不死君难

yàn zǐ bù sǐ jūn nàn

《左传》

cuī wǔ zǐ　　jiàn táng jiāng　　ér měi zhī，suì qǔ　zhī
崔武子①见棠姜②而美之，遂取③之。

崔武子见到棠家遗孀，发现她很美，于是娶了她。齐庄公和棠姜私通，

zhuāng gōng tōng yān④，cuī zǐ shì⑤zhī
庄　公通焉④，崔子弑⑤之。

崔武子便杀死了庄公。

①崔武子：即崔杼，齐国大臣。②棠姜：齐国大夫棠公的夫人。③取：
通"娶"，迎娶。④庄公：指齐庄公。通：私通。⑤弑：杀害。

yàn zǐ①lì yú cuī shì zhī mén wài，qí rén yuē："sǐ②
晏子①立于崔氏之门外，其人曰："死②

晏子站在崔氏的门外，他家手下人说："要为国君殉难吗？"晏子说：

hū？"yuē："dú wú jūn yě hū zāi，wú sǐ yě？"yuē：
乎？"曰："独吾君也乎哉，吾死也？"曰：

"国君是我一个人的国君吗？我为什么要死？"他手下的人说："打算逃出

55

"行③乎？"曰："吾罪也乎哉，吾亡也？"
齐国吗？"晏子说："我有什么罪过吗？我为什么要逃走？"他手下的人说：

曰："归乎？"曰："君死，安归？君民者，
"回去吗？"晏子说："国君死了，怎能回去？君主是百姓的君主，岂可凌

岂以陵④民？社稷是主。臣君者，岂为其口实⑤？
驾于百姓之上？要以国家为重啊。臣子侍奉国君，岂是为了他的俸禄？臣子

社稷是养。故君为社稷死，则死之；为社稷
是为了效力国家。所以国君为国家而死，就跟着他去死；为国家而逃亡，就

亡，则亡之。若为己死，而为己亡，非其私昵⑥，
跟着他逃亡。如果国君为自己而死，或是为了自己而逃亡，不是他自己宠

谁敢任之？且人有君而弑之，吾焉得死之？而
爱亲近的人，谁敢承担这个责任？况且他人受到君主信任，尚且把国君杀了，

焉得亡之？将庸何归？"门启而入，枕尸股而
我怎能为他去死？怎能为他而逃亡？又怎能回去呢？"大门开了，晏子进去，

哭。兴⑦，三踊⑧而出。人谓崔子："必杀之。"
把庄公的尸体放在大腿上大哭，哭完站起来一再顿足后才出去。有人对崔武

崔子曰："民之望⑨也，舍之得民⑩。"
子说："一定要杀掉他。"崔武子说："他是百姓所敬仰的人，放了他，可以得民心。"

①晏子：即晏婴，历齐灵公、庄公、景公三朝，是春秋后期一位著名的政治家。②死：为国君殉难。③行：与下文的"亡"同义，指逃亡国外。④陵：凌驾。⑤口实：指俸禄。⑥私昵：宠爱亲近的人。⑦兴：站起来。⑧踊：跳。⑨望：拥戴。⑩民：民心。

深入浅出读古文

齐庄公好色，看上了崔武子之妻棠姜，还跑到崔家与她私通。崔武子知道后，杀死了庄公。对此，深明大义的晏婴冒着生命危险，趴在庄公尸身上大哭，以尽臣子对君王的哀悼之情。

当他的手下问他"死乎""行乎""归乎"的时候，他没有直接回答，而是以"死乎""行乎""归乎"反问，表示自己不死、不亡、不归的立场，充分体现了他有头脑、有才干的政治家风采。

知识加油站

南橘北枳

齐国晏子来到楚国，楚王请晏子喝酒，喝到正高兴时，两名公差绑着一个人来到楚王面前。楚王问："绑的是什么人？"公差说："是齐国人，犯了偷窃罪。"楚王看着晏子问："齐国人本来就善于偷东西吗？"晏子答道："我听说淮南的柑橘，又大又甜；种到淮北，就只能结又小又苦的枳，还不是因为水土不同吗？齐国人在齐国安居乐业，一到楚国，就做起盗贼来，莫非楚国的水土使百姓善于偷东西？"一时间，楚王感到很尴尬。

召公谏厉王止谤

《国语》

厉王虐①，国人谤②王。召公告曰③：
周厉王暴虐无道，百姓都指责他的过失。召公告诉厉王说："百姓

"民不堪命矣！"王怒，得卫巫④，使监谤
受不了你的政令了。"周厉王很恼怒，找来一个卫国的巫师，负责监察指责

者，以告，则杀之。国人莫敢言，道路以目。
自己的人，只要巫师来报告，厉王就将被告发的人杀掉。百姓于是都不敢说

王喜，告召公曰："吾能弭⑤谤矣，乃不敢言。"
话了，在路上碰见只用眼神示意。厉王很高兴，对召公说："我消除谤言了，
他们不敢说话了。"

①厉王：西周第十代君王。虐：暴虐。②谤：议论、指责。③召
公：姬姓，名虎，周王卿士。④卫巫：卫国的巫师。⑤弭：消除。

shào gōng yuē　　　　　　shì zhàng　　zhī yě　　fáng mín zhī kǒu　　shèn
召公曰："是障①之也！防民之口，甚
召公说："这是堵住了百姓的嘴呀！不让百姓说话，比堵截江河水

yú fáng chuān　 chuān yōng ②　　ér kuì　　shāng rén bì duō　　mín yì rú zhī
于防川。川壅②而溃，伤人必多，民亦如之。
流还要危险。河流被堵塞，最终会堤坝崩溃，被伤害的人一定很多，禁止人

shì gù wéi chuān zhě　　jué zhī shǐ dǎo　　wéi mín zhě　　xuān ③ zhī shǐ
是故为川者，决之使导；为民者，宣③之使
们的言论也是这样。治理水患的人，会疏浚水道以使水流畅通无阻；治理国

yán　　　gù tiān zǐ tīng zhèng　　shǐ gōng qīng zhì yú liè shì ④　xiàn shī
言。故天子听政，使公卿至于列士④献诗，
家的人应该开导百姓，让他们敢于讲话。所以天子处理政务，让公卿大夫及

gǔ　　xiàn qǔ　　shǐ ⑥ xiàn shū　　shī ⑦ zhēn　　sǒu ⑧ fù　　méng ⑨
瞽⑤献曲，史⑥献书，师⑦箴，瞍⑧赋，矇⑨
下层官员都可以进献讽谏的诗歌，乐师进献民间歌曲，史官进献可资借鉴的

sòng　　bǎi gōng ⑩ jiàn　　shù rén ⑪ chuán yǔ　　jìn chén jìn guī　　qīn qī
诵，百工⑩谏，庶人⑪传语，近臣尽规，亲戚
史书，少师诵读箴言，盲人吟诵诗篇，矇者读讽谏之言，掌管营建事务的百

bǔ chá　　gǔ　　shǐ jiào huì　　qí　　ài xiū zhī　　ér hòu wáng zhēn zhuó
补察，瞽、史教诲，耆、艾修之，而后王斟酌
工纷纷进谏，平民的意见则间接地传达给天子，近臣要尽规劝国君之责，宗

yān　　　shì yǐ shì xíng ér bú bèi
焉，是以事行而不悖。
亲要弥补国君的过失并监督国君，乐师和史官要用乐曲和史书对国君进行规
劝，老臣要对天子进行劝诫，然后由天子斟酌裁决，使政令顺行，不背情理。

mín zhī yǒu kǒu yě　　yóu tǔ zhī yǒu shān chuān yě　　cái yòng yú
民之有口也，犹土之有山川也，财用于
百姓有嘴，就像大地有山与河，财富由此产生；就像高原低地都有

shì hū chū　　yóu qí yǒu yuán xí yǎn wò yě　　yī shí yú shì hū shēng
是乎出；犹其有原隰衍沃也，衣食于是乎生。
肥沃的良田，衣食皆从中出。让百姓知无不言，国家政事的好坏就能从他们

kǒu zhī xuān yán yě　　shàn bài yú shì hū xīng　　xíng shàn ér bèi bài
口之宣言也，善败于是乎兴。行善而备败，
的言论中反映出来。推行正确的政令，防范失误的部分，这就是增加财富的

suǒ yǐ fù cái yòng yī shí zhě yě　　fú mín lǜ zhī yú xīn ér xuān zhī yú
所以阜财用衣食者也。夫民虑之于心而宣之于
好办法。百姓有所想，然后用言论表达出来，怎么能堵住他们的嘴呢？如果

kǒu　　chéng ér xíng zhī　　hú kě yōng yě　　ruò yōng qí kǒu　　qí yú néng
口，成而行之，胡可壅也？若壅其口，其与能
堵住了百姓的嘴，那又能堵塞多久？

jǐ hé
几何？"

①障：阻塞。②壅：堵塞。③宣：开导。④公卿至于列士：指
大小官员。⑤瞽：盲艺人。这里指乐官太师。⑥史：史官。⑦师：
乐官少师。⑧瞍：目中无瞳仁的人。⑨矇：有瞳仁而看不见的人。
⑩百工：指管理各种工奴的工官。⑪庶人：老百姓。

wáng fú　　tīng　　yú shì guó rén mò gǎn chū yán　　sān nián
王弗①听，于是国人莫敢出言，三年，
厉王不听召公的劝告，国都里没人敢讲话。三年后，大家就把厉王

nǎi liú wáng yú zhì
乃流王于彘②。
流放到了彘地。

①弗：不。②流：流放。彘：晋地，在今山西霍县。

---深入浅出读古文---

　　本文记叙周厉王暴虐无道，用高压手段乃至杀戮来镇压人民的批评，他不听召公的劝谏，结果落得个被人民放逐的下场。

　　这篇文章的最大特点是设喻，贴切巧妙，论证生动，笔意纵横，浑然一体。"防民之口，甚于防川"，说明人民的声音不可阻塞，无法壅蔽。如果暴虐无道，一意孤行，终将"川壅而溃"。

知识加油站

成语词汇

　　道路以目：人们在路上相遇不敢交谈，只是以目示意。形容人民对残暴统治的憎恨和恐惧。（选自文句："国人莫敢言，道路以目。"）

　　防民之口，甚于防川：阻止人民说话的危害，超过了堵塞河川的危害。（选自文句："防民之口，甚于防川。"）

shàn zǐ zhī chén bì wáng
单子知陈必亡

《国语》

dìng wáng shǐ shàn xiāng gōng pìn yú sòng ① suì jiǎ dào yú chén
定王使单襄公聘于宋①，遂假道于陈，
周定王派单襄公出使宋国，后又向陈国借道以便访问楚国。这时候，

yǐ pìn yú chǔ huǒ zhāo dí yǐ ② dào fú ③ bù kě xíng yě
以聘于楚。火朝觌矣②，道茀③不可行也，
已经是清晨能见到大火星的季节了。进入陈国，看到野草丛生，难以通行。

hòu ④ bú zài jiāng sī kōng bú shì tú ⑤ zé bù bēi ⑥ chuān bù
候④不在疆，司空不视涂⑤，泽不陂⑥，川不
迎送宾客的官员不在边境，主管路政的司空不巡视道路，湖泊不设堤坝，江

liáng yě yǒu yǔ ⑦ jī cháng gōng ⑧ wèi bì dào wú liè shù kěn
梁，野有庾⑦积，场功⑧未毕，道无列树，垦
河不设桥梁，田野堆集着谷物，农场的农事也是尚未做完就被搁置一边，道

tián ruò yì ⑨ shàn zǎi bú zhì xì ⑩ sī lǐ ⑪ bú shòu guǎn guó
田若艺⑨，膳宰不致饩⑩，司里⑪不授馆，国
路两边没有树木，已经开垦了的田地却像荒草地，膳夫不向宾客供应食物，

wú jì yù xiàn wú lǚ shè mín jiāng zhù tái yú xià shì ⑫ jí ⑬
无寄寓，县无旅舍，民将筑台于夏氏⑫。及⑬
司里不把宾客接进客馆，国都里没有旅店，老百姓要去替夏氏修筑楼台。到

陈，陈灵公与孔宁、仪行父南冠⑭以如夏氏，
了陈国国都，陈灵公和大夫孔宁、仪行父头戴着楚国的帽子前往夏氏家，把

留宾弗见。
宾客丢在一边不接见。

①单襄公：也称单子，周定王的卿士。聘：国事访问。②火：古星名，又叫商，出现在立冬前后的早晨。觌：见。③芜：荒芜。④候：候人，主管迎送来往的小官。⑤司空：掌管工程建设的官员。涂：通"途"，道路。⑥陂：这里指修筑堤坝。⑦庾：露天的谷堆。⑧场功：指收割庄稼。⑨蓻：茅芽。⑩饩：粮食或草料。⑪司里：主管房屋的官员。⑫夏氏：指陈国大夫夏征舒家。⑬及：到。⑭南冠：楚国的帽子。

单子归，告王曰："陈侯不有大咎，国
单襄公返回周朝，向周定王报告说："陈侯本人即使没有大的过错，

必亡。"王曰："何故？"对曰："夫辰角①
他的国家也一定会灭亡。"定王问："为什么？"回答说："角星出现，雨

见而雨毕，天根②见而水涸，本见而草木节
水就快要停了；天根星出现，河中的水便要干涸了；氐星出现，草木便要凋

解，驷③见而陨霜，火见而清风戒寒。故先
落了；房星出现，就要有寒霜降落下来；大火星出现，寒风便预告寒冷的到

王之教曰：'雨毕而除道，水涸而成梁，草
来。所以先王教导说：'雨水停了就清理道路，河水干涸了就修好桥梁，草

mù jié jiě ér bèi cáng　　yǔn shuāng ér dōng qiú jù　　qīng fēng zhì ér xiū
木节解而备藏，陨霜而冬裘具，清风至而修
木凋落了就开始储备粮食，霜降了就要置办好冬衣，寒风吹来了就修葺城郭

chéng guō gōng shì　　gù　xià lìng④　yuē　　jiǔ yuè chú dào
城郭宫室。'故《夏令》④曰：'九月除道，
和宫室。'所以《夏令》上说：'九月清理道路，十月建成桥梁。'到时还

shí yuè chéng liáng　　qí shí jiè⑤　yuē　　shōu ér cháng gōng　　zhì
十月成梁。'其时儆⑤曰：'收而场功，侍
要告诫百姓说：'做完你们的农活，准备好你们盛土抬土的用具，营室之星

ér běn jū⑥　　yíng shì⑦　zhī zhōng　tǔ gōng qí shǐ　huǒ zhī chū
而畚挶⑥，营室⑦之中，土功其始。火之初
出现在中天的时候，土木工程就要开始；大火星开始出现时，就到司里那里

xiàn　qī yú sī lǐ　　cǐ xiān wáng zhī suǒ yǐ bú yòng cái huì⑧
见，期于司里。'此先王之所以不用财贿⑧，
集合。'这就是先王之所以能不浪费财物却广布恩德于天下人的缘故。现在

ér guǎng shī dé yú tiān xià zhě yě　　jīn chén guó　huǒ zhāo dí yǐ
而广施德于天下者也。今陈国，火朝觌矣，
的陈国，大火星已经在早晨升起，而道路还被野草堵塞，田野、禾场被废弃

ér dào lù ruò sè　　yě cháng ruò qì　zé bù bēi zhàng chuān wú zhōu
而道路若塞，野场若弃，泽不陂障，川无舟
水泽不筑堤坝，江河上没有船只和桥梁，这是废弃先王的教导啊。

liáng　　shì fèi xiān wáng zhī jiào⑨　yě
梁，是废先王之教⑨也。

①辰角：即角宿，寒露节的早晨出现。②天根：氐宿的别名，寒
露节后五日出现。③驷：房宿，出现在霜降时节。④《夏令》：
据说为夏代的月令之书。⑤儆：告诫。⑥侍：备办。畚挶：盛土
和抬土的器具。⑦营室：室宿，夏历十月黄昏时，出现在正南方。
⑧财贿：财物。⑨教：教诲。

zhōu zhì yǒu zhī yuē　　　　liè shù yǐ biǎo dào　　lì bǐ shí ①

"周制有之曰：'列树以表道，立鄙食①

"周朝的制度规定：'种植树木来标识道路，在偏远的地方提供食

yǐ shǒu lù　　guó yǒu jiāo mù　　jiāng yǒu yù wàng　　sǒu yǒu pǔ cǎo

以守路。国有郊牧，疆有寓望，薮有圃草②，

宿给往来的行人。都城的郊外有牧场，边境有接待宾客的设施，洼地里长有

yòu ③　　yǒu lín chí　　suǒ yǐ yù zāi yě　　qí yú wú fēi gǔ tǔ

囿③有林池，所以御灾也。其余无非谷土，

茂盛的草，园圃里有树木和池塘，这些都是用来防御灾害的。其余的地方无

mín wú xuán sì ④　　yě wú ào cǎo ⑤　　bù duó nóng shí　　bú miè mín

民无悬耜④，野无奥草⑤。不夺农时，不蔑民

不是庄稼地，农家没有农具闲置，野外没有深草。不耽误农时，不浪费劳力，

gōng　　yǒu yōu wú kuì　　yǒu yì wú pí　　guó yǒu bān shì　　xiàn yǒu xù

功，有优无匮，有逸无罢。国有班事，县有序

这样才能使人民生活富足不困乏，安定而不疲劳。都城各人员职责分明，乡

mín　　　　jīn chén guó dào lù bù kě zhī　　tián zài cǎo jiān　　gōng chéng

民。'今陈国道路不可知，田在草间，功成

村里的人们有秩序地劳作。'现在的陈国，道路无从知晓，农田处于杂草中间，

ér bù shōu　　mín pí yú yì lè　　shì qì xiān wáng zhī fǎ zhì yě

而不收，民罢于逸乐，是弃先王之法制也。

庄稼熟了没人收，百姓为了陈侯的淫乐精疲力竭。这是抛弃了先王的法制呀。

①鄙食：郊外边地所设供应来往路人饮食的馆舍。②薮：洼地。
圃草：茂盛的草。③囿：古代帝王畜养禽兽的林苑。④耜：古代
农具名。⑤奥草：荒草。

"周之《秩官》^①有之曰：'敌国宾至，
"周朝的《秩官》上这样说：'对等国家的宾客到来，关尹要上报

关尹^②以告，行理^③以节逆之，候人为导，卿
国君，行理手持符节去迎接，候人负责引导宾客，卿士出城去慰劳，门尹打

出郊劳，门尹除门，宗祝^④执祀，司里授馆，
扫门庭，宗伯和大祝陪同宾客祭祀，司里安排住处，司徒调派仆役，司空巡

司徒^⑤具徒，司空视涂，司寇^⑥诘奸，虞人^⑦
察道路，司寇盘查奸盗，虞人供应木材，甸人堆积柴火，火师监管门庭的火烛，

入材，甸人^⑧积薪，火师^⑨监燎，水师^⑩监濯，
水师督察盥洗诸事，膳宰送上熟食，廪人献上谷米，司马拿出喂牲口的草料，

膳宰致飧^⑪，廪人^⑫献饩，司马陈刍^⑬，工人
工匠检修客人的车辆，各种官吏都按照自己的职责来供应物品，宾客来了，

展车，百官各以物至，宾入如归。是故小大
如同回到了自己的家一样。因此宾客不论身份高低，没有不感激盛情的。若

莫不怀爱。其贵国之宾至，则以班加一等，益
是尊贵国家的宾客到来，就派高一等的官员去款待，态度更加恭敬。若是天

虔。至于王使，则皆官正莅事，上卿监之。
子的使臣到来，那就派各部门长官负责接待事宜，派上卿加以监督。若是天

若王巡守，则君亲监之。'今虽朝也不才，有
子来巡视，那就由国君亲自监督。'我虽然没什么才能，但也是周室王族的

fēn zú yú zhōu　　chéng wáng mìng yǐ wéi guò bīn yú chén　　ér sī shì mò
分族于周，承王命以为过宾于陈，而司事莫
一员，我奉天子之命借路经过陈国，陈国的相关官员却没有一人出面迎接，

zhì　　shì miè xiān wáng zhī guān yě
至，是蔑先王之官也。"
这是蔑视先王的官员啊。

①《秩官》：周代述职官官典之书。②关尹：古代把守关门的官员。
③行理：掌管外交使节朝觐聘问的官员。④宗祝：主管祭祀等礼
仪的官员。⑤司徒：掌管土地、人口等事务的官员。⑥司寇：掌
管刑狱、纠察的官员。⑦虞人：主管山泽的官员。⑧甸人：掌田
野之事的官员。⑨火师：掌管火事的官员。⑩水师：管洗涤的官员。
⑪飧：熟食。⑫廪人：古代管理粮仓的官员。⑬司马：主管养马
的官吏。刍：喂牲畜的饲料。

xiān wáng zhī lìng yǒu zhī yuē　　　　tiān dào shǎng shàn ér fá
"先王之令有之曰：'天道赏善而罚
"先王的训令中曾说：'天道奖赏善良，惩罚荒淫。所以凡是我们

yín　　gù fán wǒ zào guó①　　wú cóng fēi yí②　　wú jí tāo③
淫。故凡我造国①，无从匪彝②，无即慆③
治理下的国家，不许有人从事非法的事情，不应该有人走上懒惰荒淫的道路，

yín　　gè shǒu ěr diǎn　　yǐ chéng tiān xiū④　　　　jīn chén hóu bú niàn yìn
淫；各守尔典，以承天休④。'今陈侯不念胤
你们要履行各自的职责，以此来接受上天的赐福。'现在陈侯不顾历代的

xù⑤ zhī cháng　　qì qí kàng lì⑥ fēi pín　　ér shuài qí qīng zuǒ yǐ
续⑤之常，弃其伉俪⑥妃嫔，而帅其卿佐以
法令，抛弃自己的妃嫔，率领大臣到夏氏处淫乐，这不是亵渎他的姓氏么？

yín yú xià shì　　bú yì dú⑦ xìng yǐ hū　　chén　　wǒ tài jī⑧ zhī
淫于夏氏，不亦渎⑦姓矣乎？陈，我大姬⑧之
陈侯是我武王女儿大姬的后代，却扔掉礼服礼帽而戴着楚国的帽子外出，

71

hòu yě　　qì gǔn miǎn ⑨ ér nán guān yǐ chū　bú yì jiǎn yí hū　shì
后也，弃衮冕⑨而南冠以出，不亦简彝乎？是

这不是有违常理吗？这也是违反先王的训令呀。

yòu fàn xiān wáng zhī lìng yě
又犯先王之令也。

①造国：治理国家。②匪彝：违背常规。匪：通"非"。③惕：
急惕。④天休：上天的恩赐。休：吉祥。⑤胤续：继嗣。⑥伉俪：
指夫妻。⑦渎：亵渎。⑧大姬：周武王的女儿。⑨衮冕：古代帝
王与上公的礼服和礼冠。

xī xiān wáng zhī jiào ① 　mào ② shuài qí dé yě　　yóu kǒng yǔn
"昔先王之教①，茂②帅其德也，犹恐陨

"从前先王的教诲，即便全力遵行，还怕有所差池；假若废止他的

yuè ③　　ruò fèi qí jiào ér qì qí zhì　miè qí guān ér fàn qí lìng　jiāng
越③；若废其教而弃其制，蔑其官而犯其令，将

教导，丢掉他的制度，轻视他的分职，违背他的政令，这将如何保住自己的

hé yǐ shǒu guó　　jū dà guó zhī jiān ér wú cǐ sì zhě　qí néng jiǔ hū
何以守国？居大国之间而无此四者，其能久乎？"

国家呢？处在大国中间没有这四种东西，还能长久存在吗？"

①教：教诲。②茂：努力。③陨越：喻败绩、失职。

liù nián　　shàn zǐ rú chǔ　bā nián　chén hóu shā yú xià shì
六年，单子如楚。八年，陈侯杀于夏氏。

周定王六年，单襄公到楚国。八年，陈侯为夏氏所杀。九年，楚庄

jiǔ nián　　chǔ zǐ rù chén
九年，楚子入陈。

王攻入陈国。

深入浅出读古文

　　这篇文章的重点是单子对周王的辞令。周朝的使臣单子到外国访问，途中路过陈国。单子看到陈国政事荒废，陈国君臣贪图享乐，不思进取，回到周朝后，向周王预言陈国必亡。单子在说明陈国必亡的理由时，并没有直接叙说陈国必亡的原因，而是举出先王之教、制、官、令，而后再写陈国废先王之教、制、官、令，与前文一一照应，使陈国的问题暴露得一览无余。

　　此文言辞婉转流畅，语气迂回曲折，论说中暗含深意，通篇都是警策之语。后来陈灵公果然身死国亡，更加证实了单子是一个察微知著、有远见的政治家。

知识加油站

《国语》

　　《国语》相传为春秋末鲁国的左丘明所撰，是中国最早的一部国别史著作。记录了周朝王室和鲁国、齐国、晋国、郑国、楚国等诸侯国的历史。上起周穆王十二年（前965年）西征犬戎，下至智伯被灭（前453年）。包括各国贵族间朝聘、宴飨、讽谏、辩说、应对之辞以及部分历史事件与传说。

敬姜论劳逸

《国语》

公父文伯^①退朝，朝其母，其母方绩。文

公父文伯退朝回家，去看他的母亲，他的母亲正在纺麻。文伯说："像

伯曰："以歜之家而主犹绩，惧干季孙^②之怒

我家这样的情况，您还纺麻，我怕季孙发火，认为我不能好好孝敬您！"他

也，其以歜为不能事主乎！"其母叹曰："鲁

的母亲叹着气说："鲁国要灭亡了吧！让无知的顽童去做官，你没有听说过

其亡乎！使僮子备官而未之闻邪？居，吾语女。

做官的道理吗？坐！我告诉你。

① 公父文伯：即公父歜，敬姜之子，鲁国大夫。② 季孙：季康子，
鲁国大夫。

74

"昔圣王之处民也，择瘠土而处之，劳
"从前圣明的君主治理百姓，选择贫瘠的土地让他们去居住，使他

其民而用之，故长王天下。夫民劳则思，思
们劳作并发挥才能，所以能长久地统治天下。百姓劳作才会去思考，思考了

则善心生；逸则淫，淫则忘善，忘善则恶心
才会有改善生活的办法；安逸了就会放纵，放纵了就会忘记善良，忘记了善

生。沃土之民不材，淫也；瘠土之民莫不向
良就会产生邪恶之心。在肥沃土地上居住的百姓不成材，就是放纵的缘故；

义，劳也。
在贫瘠土地上居住的百姓没有不讲道义的，这是勤劳所致。

"是故天子大采朝日①，与三公、九卿②
"因此天子穿着五彩礼服祭祀太阳，和三公九卿一起熟悉农事；白

祖识地德；日中考政，与百官之政事，师尹
天考察朝政的得失和百官办理政事的情况，京都县邑的各级官员，辅佐天子

惟旅牧，相宣序民事。少采夕月③，与太史、
宣布政教以使百姓有条不紊。天子穿上三彩礼服祭祀月亮，和太史、司载恭

司载纠虔天刑；日入监九御④，使洁奉禘、郊
敬地观察上天的吉凶征兆；到了黄昏就监察九嫔，让她们把一切祭品整理洁

之粢盛⑤，而后即安。
净，然后才去休息。

"诸侯朝修天子之业命，昼考其国职，
"诸侯们早上听天子布置下来的事务与接受命令，白天完成自己分

夕省其典刑，夜儆百工，使无慆淫⑥，而后即
内的事务，傍晚检查自己执行法令的情况，晚间告诫各官，使他们不懈怠不

安。卿大夫朝考其职，昼讲其庶政，夕序其
放纵，然后才去休息。卿大夫们早上安排自己的事情，白天办理各种事务，

业，夜庀⑦其家事，而后即安。士朝受业，昼
傍晚整理自己所经办的事务，晚间料理家务，然后才去休息。士人们早晨完

而讲贯⑧，夕而习复，夜而计过无憾，而后即
成学业，白天研习，黄昏复习，晚间反省自己有无过失，确认没有什么过失，

安。自庶人以下，明而动，晦而休，无日以怠。
然后才去休息。从一般百姓以下，天亮劳动，天黑休息，没有一日懈怠。

"王后亲织玄紞⑨，公侯之夫人加之以
"王后亲自编织悬在礼帽两边的黑色丝绳，公侯夫人还加做系帽子

纮、綖⑩，卿之内子为大带，命妇成祭服，列
的小丝带和大礼帽上的装饰物，卿的妻子要做大带，大夫的妻子缝制祭服，

士之妻加之以朝服，自庶士以下，皆衣其夫。
各种士人的妻子还要做朝服，普通百姓的妻子都要为丈夫缝制衣服。

"社而赋事，烝而献功，男女效绩，愆
"春分祭社的时候就开始一年的纺织耕作，冬日祭祀的时候就献

zé yǒu pì   gǔ zhī zhì yě   jūn zǐ láo xīn   xiǎo rén láo lì   xiān
则有辟，古之制也。君子劳心，小人劳力，先

上劳动成果，男女都尽力做出成绩，有过失就责罚，这是古代的制度。君子

wáng zhī xùn yě   zì shàng yǐ xià   shuí gǎn yín xīn shě lì
王之训也。自上以下，谁敢淫心舍力？

费心，小人劳力，这是先王的训示。从上到下，谁敢放纵而不尽心竭力？

① 大采：五采。朝日：朝拜日神。② 三公：太师、太傅、太保的总称。
九卿：周时冢宰、司徒、宗伯、司马、司寇、司空、少师、少傅、
少保的总称。③ 少采夕月：穿着三彩的礼服祭祀月神。④ 九御：
九嫔。⑤ 粢盛：古代盛在祭器内以供祭祀的谷物。⑥ 慆淫：怠惰、
放荡。⑦ 庀：治理。⑧ 贯：复习。⑨ 紞：古时冠冕上用来系瑱的
带子。⑩ 纮：系于颔下的帽带。綖：覆在冠冕上的装饰物。

jīn wǒ guǎ yě   ěr yòu zài xià wèi   zhāo xī chǔ shì   yóu
"今我寡也，尔又在下位，朝夕处事，犹

"现在我守了寡，你又做官，就是早晚工作，还怕丢掉祖宗的基业，

kǒngwàng xiān rén zhī yè   kuàng yǒu dài duò   qí hé yǐ bì pì   wú jì
恐忘先人之业；况有怠惰，其何以避辟？吾冀

倘若有了松懈的念头，还如何能够逃避灾祸呢？我希望你时常提醒我说：'一

ěr zhāo xī xiū wǒ   yuē   bì wú fèi xiān rén   ěr jīn yuē
而朝夕修我，曰：'必无废先人。'尔今曰：

定不要断送了祖上的功绩！'你今天却对我说：'为什么不自己图些安逸

hú bú zì ān   yǐ shì chéng jūn zhī guān   yú jù mù bó zhī jué
'胡不自安？'以是承君之官，余惧穆伯之绝

呢？'我担心你亡父要绝后了。"

sì yě
祀也。"

zhòng ní wén zhī yuē   dì zǐ zhì zhī   jì shì zhī fù bù
仲尼闻之曰："弟子志之，季氏之妇不
孔子听到这事，说："学生们要记下来，季家老夫人真是勤劳而不

yín yǐ
淫矣。"
放纵呀。"

深入浅出读古文

鲁国大夫公父文伯回家见母亲敬姜夫人在纺麻，认为这样有失身份。敬姜夫人驳斥了儿子，"鲁其亡乎！使僮子备官而未之闻邪？"这句话语锋尖锐、毫不留情，凭借气势压倒了对方。接着，敬姜夫人借批评儿子，得出勤劳可以兴国、贪图享乐遭致亡身的观点。

此文小中见大，宏阔而精深。其波澜之雄壮、引据之精详、局阵之严整，均值得学习。

知识加油站

成语词汇

君子劳心，小人劳力：君子从事脑力劳动，小人从事体力劳动。这是剥削阶级轻视体力劳动的观点。（选自文句："君子劳心，小人劳力，先王之训也。"）

shū xiàng hè pín

叔 向 贺 贫

《国语》

shū xiàng jiàn hán xuān zǐ① xuān zǐ yōu pín shū xiàng hè
叔向见韩宣子①，宣子忧贫，叔向贺
叔向去见韩宣子，宣子正为穷困发愁，叔向却向他道贺。宣子说："我

zhī xuān zǐ yuē wú yǒu qīng zhī míng ér wú qí shí wú yǐ
之。宣子曰："吾有卿之名，而无其实，无以
有卿的名称，没有卿的财富，没有什么可以和卿大夫来往应酬的，我因此正

cóng èr sān zǐ wú shì yǐ yōu② zǐ hè wǒ hé gù
从二三子，吾是以忧②，子贺我，何故？"
在发愁，你却祝贺我，这是什么缘故？"

①叔向：羊舌氏，晋国大夫。韩宣子：韩起，晋国之卿。②忧：忧愁。

duì yuē xī luán wǔ zǐ wú yì zú zhī tián qí guān bú
对曰："昔栾武子无一卒之田①，其官不
叔向回答说："过去栾武子不曾有一百顷的田地，家里连祭器都不

<ruby>备<rt>bèi</rt></ruby> <ruby>其<rt>qí</rt></ruby> <ruby>宗<rt>zōng</rt></ruby> <ruby>器<rt>qì</rt></ruby> ②，<ruby>宣<rt>xuān</rt></ruby> <ruby>其<rt>qí</rt></ruby> <ruby>德<rt>dé</rt></ruby> <ruby>行<rt>xíng</rt></ruby>，<ruby>顺<rt>shùn</rt></ruby> <ruby>其<rt>qí</rt></ruby> <ruby>宪<rt>xiàn</rt></ruby> <ruby>则<rt>zé</rt></ruby>，<ruby>使<rt>shǐ</rt></ruby> <ruby>越<rt>yuè</rt></ruby> <ruby>于<rt>yú</rt></ruby> <ruby>诸<rt>zhū</rt></ruby>

齐全，但他发扬德行，顺应法度，闻名于诸侯之间。诸侯亲近他，戎狄归附他，

<ruby>侯<rt>hóu</rt></ruby>。<ruby>诸<rt>zhū</rt></ruby> <ruby>侯<rt>hóu</rt></ruby> <ruby>亲<rt>qīn</rt></ruby> <ruby>之<rt>zhī</rt></ruby>，<ruby>戎<rt>róng</rt></ruby> <ruby>狄<rt>dí</rt></ruby> <ruby>怀<rt>huái</rt></ruby> <ruby>之<rt>zhī</rt></ruby>，<ruby>以<rt>yǐ</rt></ruby> <ruby>正<rt>zhèng</rt></ruby> <ruby>晋<rt>jìn</rt></ruby> <ruby>国<rt>guó</rt></ruby>。<ruby>行<rt>xíng</rt></ruby> <ruby>刑<rt>xíng</rt></ruby> <ruby>不<rt>bú</rt></ruby>

晋国因此而安定。他执行刑法没有弊病，后来也因此避免了灾难。他儿子桓

<ruby>疚<rt>jiù</rt></ruby> ③，<ruby>以<rt>yǐ</rt></ruby> <ruby>免<rt>miǎn</rt></ruby> <ruby>于<rt>yú</rt></ruby> <ruby>难<rt>nàn</rt></ruby>。<ruby>及<rt>jí</rt></ruby> <ruby>桓<rt>huán</rt></ruby> <ruby>子<rt>zǐ</rt></ruby> ④，<ruby>骄<rt>jiāo</rt></ruby> <ruby>泰<rt>tài</rt></ruby> <ruby>奢<rt>shē</rt></ruby> <ruby>侈<rt>chǐ</rt></ruby>，<ruby>贪<rt>tān</rt></ruby> <ruby>欲<rt>yù</rt></ruby>

子骄傲奢侈，贪得无厌，无视法制，逞纵私欲，放债取利，囤积财富，这人

<ruby>无<rt>wú</rt></ruby> <ruby>艺<rt>yì</rt></ruby>，<ruby>略<rt>lüè</rt></ruby> <ruby>则<rt>zé</rt></ruby> ⑤ <ruby>行<rt>xíng</rt></ruby> <ruby>志<rt>zhì</rt></ruby>，<ruby>假<rt>jiǎ</rt></ruby> <ruby>货<rt>huò</rt></ruby> <ruby>居<rt>jū</rt></ruby> <ruby>贿<rt>huì</rt></ruby>；<ruby>宜<rt>yí</rt></ruby> <ruby>及<rt>jí</rt></ruby> <ruby>于<rt>yú</rt></ruby> <ruby>难<rt>nàn</rt></ruby>，<ruby>而<rt>ér</rt></ruby>

本该受到灾祸，但赖于栾武子的德行，竟然得以善终。到了怀子，他一改父

<ruby>赖<rt>lài</rt></ruby> <ruby>武<rt>wǔ</rt></ruby> <ruby>之<rt>zhī</rt></ruby> <ruby>德<rt>dé</rt></ruby>，<ruby>以<rt>yǐ</rt></ruby> <ruby>没<rt>mò</rt></ruby> <ruby>其<rt>qí</rt></ruby> <ruby>身<rt>shēn</rt></ruby>。<ruby>及<rt>jí</rt></ruby> <ruby>怀<rt>huái</rt></ruby> <ruby>子<rt>zǐ</rt></ruby> ⑥，<ruby>改<rt>gǎi</rt></ruby> <ruby>桓<rt>huán</rt></ruby> <ruby>之<rt>zhī</rt></ruby> <ruby>行<rt>xíng</rt></ruby>，

亲桓子胡作非为的行为方式，而继承了武子的德行，本该免于灾祸，但终究

<ruby>而<rt>ér</rt></ruby> <ruby>修<rt>xiū</rt></ruby> <ruby>武<rt>wǔ</rt></ruby> <ruby>之<rt>zhī</rt></ruby> <ruby>德<rt>dé</rt></ruby>；<ruby>可<rt>kě</rt></ruby> <ruby>以<rt>yǐ</rt></ruby> <ruby>免<rt>miǎn</rt></ruby> <ruby>于<rt>yú</rt></ruby> <ruby>难<rt>nàn</rt></ruby>，<ruby>而<rt>ér</rt></ruby> <ruby>离<rt>lí</rt></ruby> ⑦ <ruby>桓<rt>huán</rt></ruby> <ruby>之<rt>zhī</rt></ruby> <ruby>罪<rt>zuì</rt></ruby>，

因为父亲罪孽深重，自己不得不逃亡到楚国。再说郤昭子家吧，郤昭子的财

<ruby>以<rt>yǐ</rt></ruby> <ruby>亡<rt>wáng</rt></ruby> <ruby>于<rt>yú</rt></ruby> <ruby>楚<rt>chǔ</rt></ruby>。<ruby>夫<rt>fú</rt></ruby> <ruby>郤<rt>xì</rt></ruby> <ruby>昭<rt>zhāo</rt></ruby> <ruby>子<rt>zǐ</rt></ruby> ⑧，<ruby>其<rt>qí</rt></ruby> <ruby>富<rt>fù</rt></ruby> <ruby>半<rt>bàn</rt></ruby> <ruby>公<rt>gōng</rt></ruby> <ruby>室<rt>shì</rt></ruby>，<ruby>其<rt>qí</rt></ruby> <ruby>家<rt>jiā</rt></ruby> <ruby>半<rt>bàn</rt></ruby>

富抵得上王室的一半，家中下人有三军一半那么多，他依仗财势，横行国内，

<ruby>三<rt>sān</rt></ruby> <ruby>军<rt>jūn</rt></ruby>；<ruby>恃<rt>shì</rt></ruby> <ruby>其<rt>qí</rt></ruby> <ruby>富<rt>fù</rt></ruby> <ruby>宠<rt>chǒng</rt></ruby>，<ruby>以<rt>yǐ</rt></ruby> <ruby>泰<rt>tài</rt></ruby> <ruby>于<rt>yú</rt></ruby> <ruby>国<rt>guó</rt></ruby>，<ruby>其<rt>qí</rt></ruby> <ruby>身<rt>shēn</rt></ruby> <ruby>尸<rt>shī</rt></ruby> <ruby>于<rt>yú</rt></ruby> <ruby>朝<rt>cháo</rt></ruby>，<ruby>其<rt>qí</rt></ruby>

结果尸体在朝堂上示众，宗族也在绛这个地方被诛灭。不是这样的话，那郤

<ruby>宗<rt>zōng</rt></ruby> <ruby>灭<rt>miè</rt></ruby> <ruby>于<rt>yú</rt></ruby> <ruby>绛<rt>jiàng</rt></ruby> ⑨。<ruby>不<rt>bù</rt></ruby> <ruby>然<rt>rán</rt></ruby>，<ruby>夫<rt>fú</rt></ruby> <ruby>八<rt>bā</rt></ruby> <ruby>郤<rt>xì</rt></ruby> <ruby>五<rt>wǔ</rt></ruby> <ruby>大<rt>dà</rt></ruby> <ruby>夫<rt>fū</rt></ruby>、<ruby>三<rt>sān</rt></ruby> <ruby>卿<rt>qīng</rt></ruby>，<ruby>其<rt>qí</rt></ruby>

家出来的，有五位是大夫，三位是卿相，可谓是显赫庞大之极，而一旦灭亡，

<ruby>宠<rt>chǒng</rt></ruby> <ruby>大<rt>dà</rt></ruby> <ruby>矣<rt>yǐ</rt></ruby>；<ruby>一<rt>yì</rt></ruby> <ruby>朝<rt>zhāo</rt></ruby> <ruby>而<rt>ér</rt></ruby> <ruby>灭<rt>miè</rt></ruby>，<ruby>莫<rt>mò</rt></ruby> <ruby>之<rt>zhī</rt></ruby> <ruby>哀<rt>āi</rt></ruby> <ruby>也<rt>yě</rt></ruby>，<ruby>惟<rt>wéi</rt></ruby> <ruby>无<rt>wú</rt></ruby> <ruby>德<rt>dé</rt></ruby> <ruby>也<rt>yě</rt></ruby>！

没有一人同情，就是因为没有德行。

① 栾武子：栾书，晋国上卿。一卒之田：即百顷田地。② 宗器：祭器。③ 疚：弊病。④ 桓子：栾黡。栾书之子，晋国大夫。⑤ 略：犯。则：法。⑥ 怀子：栾盈。栾黡之子，晋国下卿。⑦ 离：同"罹"，遭受。⑧ 郤昭子：郤至，晋国之卿。⑨ 绛：晋的国都，今山西绛县。

jīn wú zǐ yǒu luán wǔ zǐ zhī pín　wú yǐ wéi néng qí dé
"今吾子有栾武子之贫①，吾以为能其德
"现在您有像栾武子一样的清贫状况，我认为您也能够继承他的德

yǐ　shì yǐ hè　ruò bù yōu dé zhī bú jiàn　ér huàn huò zhī bù
矣，是以贺。若不忧德之不建，而患货②之不
行，因此向您祝贺。假若不担忧德行尚未树立，却只担忧财产不够，我哀怜

zú　jiāng diào bù xiá　hé hè zhī yǒu
足，将吊③不暇，何贺之有？"
都来不及，哪有什么可祝贺的？"

xuān zǐ bài　qǐ shǒu yān　yuē　qǐ yě jiāng wáng
宣子拜，稽首④焉，曰："起也将亡，
宣子听后作揖，并向他叩头说："我也是将要走投无路了啊，都是

lài zǐ cún zhī　fēi qǐ yě gǎn zhuān chéng zhī　qí zì huán shū yǐ
赖子存之。非起也敢专承之，其自桓叔⑤以
依靠您得以继续。不但我蒙受您的教诲，先祖桓叔的后代，都要拜谢您的恩

xià　jiā wú zǐ zhī cì
下，嘉吾子之赐。"
赐啊。"

① 贫：清贫。② 货：财物。③ 吊：凭吊。④ 稽首：古代一种跪拜礼。⑤ 恒叔：晋穆侯之子，受封于韩邑，以韩为氏，故韩起尊恒叔为始祖。

深入浅出读古文

晋国执政大臣韩宣子为贫穷烦恼，叔向却向他祝贺。韩宣子不明白。叔向举了晋国大夫栾武子一家三代的兴衰以及郤昭子家族富贵到极点而亡的事例，从侧面告诉宣子，富贵并不能保证韩氏的兴盛，只有好的德行才能保证韩氏的昌盛。

开篇处一忧一喜，形成鲜明对比，也暗示了此文的结构充满起伏变化。引用栾武子和郤昭子的家事，一是为了说明富贵容易导致衰败，从侧面指出贫富与否不是家族兴衰的关键；再就是引出叔向的观点，即"一朝而灭，莫之哀也，惟无德也"。他的言论一方面是为了卿大夫身家的长久之计，另一方面也对"骄泰奢侈，贪欲无艺"的行为提出了批评。

知识加油站

叔向谏杀竖襄

晋平公射鹌鹑，没能射死，派竖襄去捕捉，也没捉到。晋平公大怒，把竖襄抓起来，准备杀掉。叔向听到了这件事，就向晋平公谏言道："从前先君唐叔在徒林射犀牛，一箭就射死了。现在您射鹌鹑没有射死，派人去捉也没有捉到，这是坏您的名声啊。一定要赶快杀掉他，别让这件事传出去。"晋平公脸上露出羞愧的神色，赶快赦免了竖襄。

王孙圉论楚宝
wáng sūn yǔ lùn chǔ bǎo

《国语》

王孙圉①聘于晋，定公飨②之。赵简子
wáng sūn yǔ pìn yú jìn dìng gōng xiǎng zhī zhào jiǎn zǐ
王孙圉访问晋国，晋定公设宴款待，赵简子作陪，故意弄响身上

鸣玉以相③，问于王孙圉曰："楚之白珩④犹
míng yù yǐ xiàng wèn yú wáng sūn yǔ yuē chǔ zhī bái héng yóu
的佩玉，问王孙圉说："楚国的白珩还在么？"回答说："当然。"赵简

在乎？"对曰："然。"简子曰："其为宝也
zài hū duì yuē rán jiǎn zǐ yuē qí wéi bǎo yě
子说："它被你们当宝贝多久了？"

几何矣？"
jǐ hé yǐ

①王孙圉：楚国大夫。②飨：用酒食招待客人。③赵简子：晋国
大夫。相：相礼。④珩：佩玉上部的横玉。

曰："未尝为宝。楚之所宝者，曰观射

王孙圉回答说："楚国从未把它当成宝贝。楚国所视为宝贝

父①，能作训辞，以行事于诸侯，使无以寡君

的东西，是观射父，他能写外交辞令，以使者身份周旋于诸侯间，

为口实。又有左史倚相②，能道训典，以叙百

使别人无法拿我国君主做话柄。还有左史倚相，他能说出历代君主

物，以朝夕献善败于寡君，使寡君无忘先王

的训诫和各种典章制度，把楚国事务安排得井然有序，还时时向我

之业；又能上下说③乎鬼神，顺道其欲恶，

们的君主陈说古人成败的前鉴，使君王不忘记祖宗的功业；他还能

使神无有怨痛于楚国。又有薮曰云连徒洲④，

得到天地神明的欢心，顺应他们的好恶，使神明对楚国没有怨恨。

金、木、竹、箭之所生也，龟、珠、角、齿、

还有一个大泽名叫云连徒洲，是金、木、竹、箭、龟、珠、角、齿、

皮、革、羽、毛，所以备赋⑤，以戒不虞者

皮、革、羽、毛的产地。这些东西可以供给兵赋，以防范意外的祸

也，所以共⑥币帛，以宾享于诸侯者也。若诸

患；可以作为礼品，招待和馈赠诸侯。假若诸侯喜欢这些礼品，并

侯之好币具，而导之以训辞，有不虞之备，而

且有贤相们的调教和外交辞令，有防止意外的准备，还有神明的保

huáng shén xiàng zhī　　guǎ jūn qí kě yǐ miǎn zuì yú zhū hóu　　ér guó mín
皇 神相之，寡君其可以免罪于诸侯，而国民
佑，我们的君王就能不得罪各个诸侯国，国家和人民也可得以保全。

bǎo yān　　　　cǐ chǔ guó zhī bǎo yě　　ruò fú bái héng　　xiān wáng zhī
保焉。此楚国之宝也。若夫白珩，先王之
这些才是楚国的宝贝。至于白珩，不过是先王的小玩意儿，怎么称

wán　⑦　yě　　hé bǎo zhī yān
玩 ⑦ 也，何宝之焉？"
得上珍贵？

①观射父：楚国大夫。②倚相：楚国史官。③说：通"悦"。④薮：
大泽。云：即云梦泽，也称云土、云杜。⑤赋：指军备。⑥共：
通"供"。⑦玩：玩物。

yǔ wén guó zhī bǎo　　liù ér yǐ　　shèngnéng zhì yì bǎi wù
"圉闻国之宝，六而已：圣能制议百物，
"我听说国家的宝贝，不过六种：有才德，能创造、评判各种事物，

yǐ fǔ xiàng guó jiā　　zé bǎo zhī　　yù ① zú yǐ bì yìn jiā gǔ　　shǐ
以辅相国家，则宝之；玉 ① 足以庇荫嘉谷，使
能辅佐治理国家的人，就拿他当宝贝；玉器能够保佑好年成，不会出现水

wú shuǐ hàn zhī zāi　　zé bǎo zhī　　guī zú yǐ xiàn zāng pǐ ②　　zé bǎo
无水旱之灾，则宝之；龟足以宪臧否 ②，则宝
灾旱灾，就拿它当宝贝；龟甲可以判定吉凶，就拿它当宝贝；珍珠足以抵

zhī　　zhū zú yǐ yù huǒ zāi　　zé bǎo zhī　　jīn zú yǐ yù bīng luàn
之；珠足以御火灾，则宝之；金足以御兵乱，
御火灾，就拿它当宝贝；铜、铁金属制成兵器则足以抵抗战乱，就拿它当

zé bǎo zhī　　shān lín sǒu zé　　zú yǐ bèi cái yòng　　zé bǎo zhī　　ruò
则宝之；山林薮泽，足以备财用，则宝之。若
宝贝；山林湖泊足以供给人们所需的财用，就拿它当宝贝。至于响声喧嚣

fú huá xiāo zhī měi chǔ suī mán yí bù néng bǎo yě
夫哗嚣③之美，楚虽蛮夷，不能宝也。"
的美玉，楚国虽然是蛮夷之邦，也不能把它视为宝贝的。"

①玉：用于祭祀的玉器。②宪：表明。臧否：吉凶。③哗嚣：喧哗。

深入浅出读古文

王孙圉是楚国派往晋国的使臣。晋国执政赵简子态度蛮横且轻佻，不但向王孙圉炫耀奢华，还向他询问楚国的宝物白珩的情况。王孙圉没有因此动怒，他说楚国真正的宝贝是物产和人才，白珩只不过是玩物罢了。

在回答赵简子的时候，王孙圉以"未尝为宝"开头，主领下文。"此楚国之宝也"一句，不但为上文作结，还讥讽了赵简子的浅薄。

所宝唯贤，是本文的主论，与赵简子形成了鲜明对比。

知识加油站

楚国第一国宝观射父

身处于楚昭王时代的观射父，既是一位通晓宗教礼仪的人，同时也是一位参与政事的大夫，地位极为显赫，被楚国奉为"第一国宝"。楚昭王有不明白的天地之事，都要向观射父请教。他的宗教思想理论，集中地保存在《国语·楚语下》所记观射父答楚昭王问话中。

范雎说秦王
fàn jū shuì qín wáng

《战国策》

作者档案

刘向（前77年—前6年），原名刘更生，字子政。西汉文学家、文献学家。汉成帝即位后，任光禄大夫，改名为"向"，官至中垒校慰，世称刘中垒。曾奉命领校秘书，所撰《别录》，为中国最早的图书目录。其文章舒缓平易，从容不迫，说理畅达，别具一格，对后世古文家影响较大。有《新序》《说苑》《列女传》《战国策》《五经通义》等作品。

范雎①至，秦王庭迎，谓范雎敬执宾主
fàn jū zhì qín wáng tíng yíng wèi fàn jū jìng zhí bīn zhǔ
范雎来到秦国，秦昭王在宫廷里迎接他，秦王便以宾主的礼节恭恭

之礼。范雎辞让。是日见范雎，见者无不变色
zhī lǐ fàn jū cí ràng shì rì jiàn fàn jū jiàn zhě wú bú biàn sè
敬敬地接待了他，范雎称谢以示谦让。当天秦昭王召见范雎，凡是见到接见

yì róng zhě　　qín wáng bǐng zuǒ yòu　　gōng zhōng xū wú rén　　qín wáng guì
易容者。秦王屏左右，宫中虚无人，秦王跪
场面的人无不为之惊讶。秦昭王让左右离开，宫中只剩他两个，秦昭王跪

ér jìn yuē　　　　xiān shēng hé yǐ xìng jiào guǎ rén②　　fàn jū yuē
而进曰："先生何以幸教寡人②？"范雎曰：
下，膝行上前说："先生打算用什么指教我啊？"范雎应了一声："是是。"

wěi wěi　　　　yǒu jiān　qín wáng fù qǐng　fàn jū yuē　　wěi wěi
"唯唯。"有间，秦王复请。范雎曰："唯唯。"
过了一会儿，秦昭王再次向他请教，范雎仍然只是应了一声："是是。"一

ruò shì zhě sān　qín wáng jì　　yuē　xiān shēng bú xìng jiào guǎ rén hū
若是者三。秦王跽③曰："先生不幸教寡人乎？"
连三次都是如此，秦昭王长跪着说："先生不愿意指教我吗？"

①范雎：魏国人，因出使齐国时被诬为私自受赏而获罪，后逃往
秦国，受到秦昭王的赏识，成为秦国相国。②寡人：古代诸侯向
下的自称。③跽：古人席地而坐，姿势是双膝着地，臀部坐在自
己的脚跟上。这是一种表示恭敬，有所请求的姿势。也称为长跪。

fàn jū xiè yuē　　　fēi gǎn rán yě　chén wén　　xī zhě　　lǚ
范雎谢曰："非敢然也。臣闻：昔者，吕
范雎向秦王表示歉意，说："我不敢这样呀。我听说当初吕尚遇到

shàng①zhī yù wén wáng yě　　shēn wéi yú fǔ ér diào yú wèi yáng zhī bīn
尚①之遇文王也，身为渔父而钓于渭阳之滨
周文王时，不过是一个在渭水北岸垂钓的渔翁。当时他和文王的关系，是疏

ěr　ruò shì zhě　　jiāo shū yě　yǐ　yí shuì ér lì wéi tài shī②
耳。若是者，交疏也。已，一说而立为太师②，
的；可是很快他就因为向文王说明了自己的主张受到文王的赏识而被立为太

89

载与俱归者，其言深也。故文王果收功于吕

师，与文王同车而归。这是他们谈得深啊。所以周文王也就果真靠着吕尚的

尚，卒擅天下而身立为帝王。即使文王疏吕

辅佐成就了功业，终于拥有天下，成为一代帝王。如果当初周文王疏远吕尚，

望而弗与深言，是周无天子之德，而文、武无

不与他深谈，就说明周室还不具备天子应有的德行，而文王、武王也就建立

与成其王也。今臣，羁旅③之臣也，交疏于

不了他们的帝王大业了。而今我不过是一个在秦国客居的人，和大王的交情

王，而所愿陈者，皆匡君臣之事，处人骨肉

又很疏浅，我想要陈述的都是匡正君臣关系的事，而这些事又常常会触及到

之间，愿以陈臣之陋忠，而未知王心也，所以

骨肉之间的关系。我也想表达自己那点浅陋的忠言，但不知道大王是怎么想

王三问而不对者，是也。

的，大王三次问我而我都没有回答，原因就在此。

①吕尚：姜姓，名尚，字子牙，号太公望，博闻多谋，垂钓于渭水之阳，后遇文王，辅周灭殷。②太师：商周之际高级武官名，军队的最高统帅。③羁旅：旅居他乡。

"臣非有所畏而不敢言也。知今日言之于
"我不是因为有所畏忌而不敢讲话。我知道今天当着您的面把话讲

前，而明日伏诛于后，然臣弗敢畏也。大王
出来，明天就可能被诛杀，但我也不敢因此而心存畏惧。只要大王肯听信并

信行臣之言，死不足以为臣患，亡不足以为臣
且实行我的主张，那么死不足以成为我的顾虑，流亡不会是我的担忧；即使

忧；漆身而为厉①，被发而为狂，不足以为臣
用漆涂身，变成癞子，披头散发，成为狂人，也不足以成为我的耻辱。五帝

耻。五帝②之圣而死，三王③之仁而死，五霸④
那样圣明也终有一死，三王那样仁德也终有一死，五霸那样贤良也终有一死，

之贤而死，乌获⑤之力而死，奔、育⑥之勇而
乌获那样力大无穷也终有一死，孟奔、夏育那样勇敢也终有一死。死，是人

死。死者，人之所必不免也，处必然之势；可
不可避免的；既是必然的趋势，如果我的死能够对秦国稍有帮助，这便是我

以少有补于秦，此臣之所大愿也，臣何患乎？
莫大的荣耀，我还有什么可忧虑的呢？

①厉：癞。②五帝：传说中的上古帝王，即黄帝、颛顼、帝喾、唐尧、
虞舜。③三王：指夏、商、周三代的开创者夏禹、商汤、周文王。
④五霸：即春秋五霸，齐桓公、晋文公、楚庄王、吴王阖闾、越
王勾践（有多种说法）。⑤乌获：秦武王的力士。⑥奔、育：即
孟奔和夏育，都是卫国的勇士。

"伍子胥橐①载而出昭关，夜行而昼伏，
"伍子胥曾藏身牛皮袋子之中，乘车逃出昭关，黑夜赶路，白天躲藏，

至于菱水，无以糊其口，膝行蒲伏②，乞食于
到达溧水的时候，已经没有糊口的东西了，只好跪着爬着向前，到吴国的市

吴市，卒兴吴国，阖闾③为霸。使臣得进谋如
镇上讨饭，他却最终振兴了吴国，使阖闾成为一方霸主。假如我能像伍子胥

伍子胥，加之以幽囚不复见，是臣说之行也，
那样进献计谋，即使把我囚禁，不再与大王相见，只要我的主张得以实行，

臣何忧乎？箕子、接舆④，漆身而为厉，被发
我又有什么可担忧的呢？箕子、接舆用漆涂身，遍体生癞，披头散发，变成

而为狂，无益于殷、楚。使臣得同行于箕子、
狂人，但他们对于殷朝和楚国并没有什么益处。假使要我像箕子、接舆一样

接舆，可以补所贤之主，是臣之大荣也，臣又
就能对贤明的君主有所裨益，这将是我最大的荣耀，我又有什么可耻辱的呢？

何耻乎？

①橐：口袋。②蒲伏：同"匍匐"。③阖闾：吴王阖闾。④箕子：
商纣王的叔父，曾因劝谏纣王而被囚禁，他便披发佯狂为奴。接舆：
春秋时楚国的隐者，曾披发佯狂以避世。

"臣之所恐者，独恐臣死之后，天下见
"我所担心的，只是怕我死以后，天下人看到我是因为尽忠而招致

臣尽忠而身蹶①也，是以杜口裹足，莫肯即
杀身之祸，便从此闭口沉默，大家都裹足不前，不敢再到秦国来了。大王

秦耳。足下上畏太后之严，下惑奸臣之态，
上畏惧太后的威严，下被奸臣所迷惑，住在深宫之中，行动摆脱不了权臣

居深宫之中，不离保傅②之手，终身暗惑，无
的束缚，终生昏昧不明，没有人帮助您洞察奸邪。这样下去，重则使国家

与照奸。大者宗庙灭覆，小者身以孤危，此臣
灭亡，轻则使自身孤危，这才是我所担心的。至于被困受辱的事情、死亡

之所恐耳。若夫穷辱之事，死亡之患，臣弗
的祸患，我是不敢有所畏惧的。我死了而秦国得到治理，这比我活在世上

敢畏也。臣死而秦治，贤于生也。"
还要好。"

①蹶：跌倒。②保傅：指辅佐国王的大臣。

秦王跪曰："先生是何言也！夫秦国僻
秦王于是跪着说："先生说的这是什么话！秦国处在偏远荒僻的

yuǎn ① guǎ rén yú bú xiào   xiān shēng nǎi xìng zhì cǐ   cǐ tiān yǐ guǎ
远 ①，寡人愚不肖，先生乃幸至此，此天以寡
地方，我又是愚昧无能，幸蒙先生光临此地，这是上天让我来烦扰先生，

rén hùn ② xiān shēng   ér cún xiān wáng zhī miào yě   guǎ rén dé shòu mìng
人恩 ②先生，而存先王之庙也。寡人得受命
使我先王的宗庙得以继续留存。我能得到先生的教导，这也是上天眷顾先

yú xiān shēng   cǐ tiān suǒ yǐ xìng xiān wáng   ér bú qì qí gū yě   xiān
于先生，此天所以幸先王，而不弃其孤也。先
王，不抛弃孤危的我的缘故啊。先生怎么能说这样的话呢？以后，国家的

shēng nài hé ér yán ruò cǐ   shì wú dà xiǎo   shàng jí tài hòu   xià zhì
生奈何而言若此？事无大小，上及太后，下至
事情，不论大小，上至太后，下至群臣，希望先生悉数对我进行指教，对

dà chén   yuàn xiān shēng xī yǐ jiào guǎ rén   wú yí guǎ rén yě
大臣，愿先生悉以教寡人，无疑寡人也。"
我的诚意不要再有怀疑。"

fàn jū zài bài   qín wáng yì zài bài
范雎再拜，秦王亦再拜。
范雎向秦王拜了两拜，秦王向范雎回拜了两拜。

①僻远：偏僻荒远。②恩：打扰，惊动。

95

深入浅出读古文

战国中后期，秦国为统一天下，招揽了不少名士，范雎就是其中之一。范雎本是魏国的大臣，魏相魏齐因误听谗言，把他抓了起来，并差点将他打死。范雎逃出魏国，来到秦国，秦昭王听说他是个贤士，亲自恭迎他，还任命他做了秦相。本文说的是范雎初来秦国，听说秦国大权掌控在宣太后和穰侯手中，就在秦昭王接见他时慷慨陈词，指出秦昭王应摒除后宫擅权的局面。

范雎劝谏秦昭王时，十分讲究技巧。秦昭王初见范雎，又是亲自出庭迎接，又是下跪虚心请教三次，一国之君能够屈尊如此，可以说是给足了范雎面子。不过范雎给出的应答却只有三个"唯唯"，三次都保持了缄默。这倒不是范雎无礼，而是体现了他的精明，这是他的欲擒故纵之计——先打好一个埋伏，既吊起了秦王的胃口，又可以使自己成为这次谈话的主角，尽情抒发自己的观点。

知识加油站

睚眦必报

范雎随魏国外交使节须贾出使齐国，须贾诬陷他向齐王泄露了国家机密，回国后报告魏相魏齐。范雎差点被打死，后死里逃生，改名张禄逃到秦国当上宰相。须贾出使秦国，范雎扮作穷人去见他。须贾见是范雎，就送他一件绨袍并向他打听秦相。后来，须贾发现秦相居然就是范雎时，吓得一再谢罪。范雎对须贾说，魏国必须交出魏齐。

邹忌讽齐王纳谏
zōu jì fěng qí wáng nà jiàn

《战国策》

邹忌修八尺有余①，而形貌昳丽②。朝③
zōu jì xiū bā chǐ yǒu yú　　ér xíng mào yì lì　zhāo
邹忌身高八尺有余，外形容貌潇洒英俊。有一天早上，他穿戴好衣帽，

服衣冠，窥镜，谓其妻曰："我孰与④城北徐
fú yī guān　kuī jìng　wèi qí qī yuē　　wǒ shú yǔ　　chéng běi xú
照着镜子仔细端详，对他的妻子说："我跟城北的徐公相比，谁漂亮？"他

公美？"其妻曰："君美甚，徐公何能及君也！"
gōng měi　　qí qī yuē　jūn měi shèn　xú gōng hé néng jí jūn yě
的妻子说："您漂亮极了，徐公怎能和您相比呀！"城北的徐公，是齐国的

城北徐公，齐国之美丽者也。忌不自信，而复
chéng běi xú gōng　　qí guó zhī měi lì zhě yě　　jì bú zì xìn　　ér fù
美男子。邹忌不相信自己比他漂亮，就又去问他的妾说："我和徐公谁更漂

问其妾曰："吾孰与徐公美？"妾曰："徐公
wèn qí qiè yuē　　wú shú yǔ xú gōng měi　　qiè yuē　　xú gōng
亮？"他的妾说："徐公哪里比得上您呢！"第二天，有位客人从外面来，

何能及君也！"旦日⑤，客从外来，与坐谈，
hé néng jí jūn yě　　dàn rì　　kè cóng wài lái　　yǔ zuò tán
邹忌跟他坐着交谈，问他说："我和徐公谁更漂亮？"客人说："徐公不如

wèn zhī　　　　wú yǔ xú gōng shú měi　　　　kè yuē　　　　xú gōng bú ruò

问之："吾与徐公孰美？"客曰："徐公不若

您漂亮啊。"

jūn zhī měi yě

君之美也。"

① 邹忌：战国时齐人，又名驺忌。修：长。② 昳丽：神采焕发，
容貌美丽。③ 朝：清晨。④ 孰与：何如。⑤ 旦日：第二天。

míng rì　　　　xú gōng lái　　　shú ① 　shì zhī　　zì yǐ wéi bù

明日，徐公来。熟 ① 视之，自以为不

又过了一天，徐公来了。邹忌端详了他许久，自认为自己不如他漂亮；

rú　　　kuī jìng ér zì shì　　yòu fú rú yuǎn shèn　　mù qǐn ér sī zhī

如；窥镜而自视，又弗如远甚。暮寝而思之，

再照着镜子看自己，更觉得自己差得很远。晚上他躺在床上反复思考这件事，

yuē　　　wú qī zhī měi wǒ zhě　　sī ② 　wǒ yě　　qiè zhī měi wǒ

曰："吾妻之美我者，私 ② 我也；妾之美我

心想："妻子赞美我，是因为偏爱我；妾赞美我，是因为害怕我；客人赞美

zhě　　wèi wǒ yě　　kè zhī měi wǒ zhě　　yù yǒu qiú yú wǒ yě

者，畏我也；客之美我者，欲有求于我也。"

我，是因为有求于我。"

① 熟：仔细。② 私：偏爱。

yú shì rù cháo jiàn wēi wáng ① yuē chén chéng ② zhī bù
于是入朝见威王①，曰："臣诚②知不
于是邹忌上朝去见齐威王，说："我的确知道自己不如徐公

rú xú gōng měi chén zhī qī sī chén chén zhī qiè wèi chén chén zhī kè
如徐公美。臣之妻私臣，臣之妾畏臣，臣之客
漂亮。可是，我的妻子偏爱我，我的妾怕我，我的客人有求于我，

yù yǒu qiú yú chén jiē yǐ měi yú xú gōng jīn qí dì fāng qiān lǐ
欲有求于臣，皆以美于徐公。今齐地方千里，
所以都说我比徐公漂亮。如今齐国领土方圆千里，城池一百二十座，

bǎi èr shí chéng gōng fù zuǒ yòu mò bù sī wáng cháo tíng zhī chén mò bú
百二十城，宫妇左右莫不私王，朝廷之臣莫不
后妃们和左右近臣没有不偏爱大王的，朝廷上的臣子没有不害怕大

wèi wáng sì jìng zhī nèi mò bù yǒu qiú yú wáng yóu cǐ guān zhī wáng
畏王，四境之内莫不有求于王。由此观之，王
王的，全国没有谁不有求于大王的，由此看来，您受的蒙蔽一定是

zhī bì ③ shèn yǐ
之蔽③甚矣！"
非常严重的！"

①威王：战国初期齐国国君，即齐威王。②诚：确实。③蔽：蒙蔽。

wáng yuē shàn nǎi xià lìng qún chén lì mín
王曰："善。"乃下令："群臣吏民，
齐威王说："说得不错！"于是下令："群臣、官吏和百姓，能够

néng miàn cì guǎ rén zhī guò zhě shòu shàng shǎng shàng shū jiàn guǎ rén
能面刺寡人之过者，受上赏；上书谏寡人
当面指责我的过错的，得头等奖赏；上书劝谏我的，得中等奖赏；能够在公

zhě shòu zhōng shǎng néng bàng yì yú shì cháo wén guǎ rén zhī ěr
者，受中赏；能谤议于市朝①，闻寡人之耳
共场所指摘我的过失并让我听到的，得下等奖赏。"命令刚下达的时候，许

者，受下赏。"令初下，群臣进谏，门庭若市②；
多大臣都来进言劝谏，宫门庭院十分热闹；几个月后，还偶尔有人进言劝谏；

数月之后，时时而间③进；期年之后，虽欲
一年以后，即使有人想进言劝谏，也没有什么可说的了。燕国、赵国、韩国、

言，无可进者。燕、赵、韩、魏闻之，皆朝于
魏国听说了这件事，都到齐国来朝拜。这就是人们说的在朝廷上征服了别的

齐。此所谓战胜于朝廷。
国家。

① 市朝：指公共场所。② 门庭若市：门前院内好像市集一样热闹，形容往来的人很多。③ 间：偶尔，间或。

深入浅出读古文

本文以小见大，语言精练，历来受到推崇。邹忌向齐威王提意见时，巧妙地把生活中的"比美"跟治国对照起来，指出"君主只有广开言路，采纳群言，虚心接受批评并积极加以改正才有可能获得长久之治"。这种现身说法的方式具有较强的说服力，充分显示了邹忌巧妙的讽谏艺术与娴熟的从政谋略。

文中塑造了邹忌有自知之明、善于思考、勇于进谏的贤臣形象，同时表现了齐威王知错能改，从谏如流的明君形象以及革除弊端、改良政治的决心。

知识加油站

古代"四大美男"

关于古代四大美男，最常见的说法是：潘安、兰陵王、宋玉、卫玠。这些美男子都有一个共同的特征：才貌双全，或文学、音乐修养极高，或文治武功威震华夏。据说这些人出行的时候都曾造成万人空巷、争相目睹的场面。

冯谖客孟尝君

《战国策》

齐人有冯谖①者，贫乏不能自存，使人属②

齐国有个叫冯谖的，穷得过不下去了，便托人将自己引荐给孟尝君，

孟尝君③，愿寄食门下。孟尝君曰："客何好？"

说愿意在孟尝君门下做食客。孟尝君问："他有什么爱好？"回答道："没

曰："客无好也。"曰："客何能？"曰：

有什么爱好。"孟尝君又问："他有什么能耐？"回答道："没有什么能耐。"

"客无能也。"孟尝君笑而受之，曰："诺。"

孟尝君笑着同意了，答应收留他，说："好吧。"

① 冯谖：孟尝君的门客。② 属：同"嘱"，嘱托。③ 孟尝君：姓田名文，曾任齐国相国。他与魏国的信陵君、赵国的平原君、楚国的春申君因广聚人才、礼贤下士而被合称为"战国四君子"。

zuǒ yòu yǐ jūn jiàn zhī yě, shí yǐ cǎo jù。 jū yǒu qǐng,
左右以君贱之也，食以草具①。居有顷②，
孟尝君的手下认为主人不把冯谖当回事，便给他吃些粗劣食物。住

yǐ zhù tán qí jiàn, gē yuē: "cháng jiá guī lái hū, shí wú
倚柱弹其剑，歌曰："长铗③归来乎！食无
了一段时间，冯谖靠着柱子，弹着他的剑，唱道："长剑啊，咱们回去吧，

yú。" zuǒ yòu yǐ gào。 mèngcháng jūn yuē: "sì zhī, bǐ mén xià
鱼。"左右以告。孟尝君曰："食之，比门下
吃饭没有鱼！"左右的人把这事儿告诉了孟尝君，孟尝君说："给他鱼吃，

zhī kè。" jū yǒu qǐng, fù tán qí jiá, gē yuē: "cháng jiá guī
之客。"居有顷，复弹其铗，歌曰："长铗归
照吃鱼的门客那样款待他。"住了一段时间，冯谖又弹起了他的剑，唱道：

lái hū! chū wú chē。" zuǒ yòu jiē xiào zhī, yǐ gào。 mèng cháng
来乎！出无车。"左右皆笑之，以告。孟尝
"长剑啊，咱们回去吧，出门没有车！"左右的人都笑话他，又把这事告诉

jūn yuē: "wèi zhī jià, bǐ mén xià zhī chē kè!" yú shì chéng qí
君曰："为之驾，比门下之车客！"于是乘其
了孟尝君。孟尝君说："给他车马，照门下坐车的门客那样对待他。"于是，

chē, jiē qí jiàn, guò qí yǒu, yuē: "mèngcháng jūn kè wǒ。"
车，揭其剑，过其友，曰："孟尝君客我。"
冯谖乘着车，举着他的剑，去拜访他的朋友，说："孟尝君把我当上客看待。"

hòu yǒu qǐng, fù tán qí jiàn jiá, gē yuē: "cháng jiá guī lái hū!
后有顷，复弹其剑铗，歌曰："长铗归来乎！
过了一段时间，冯谖又弹起了他的剑，唱道："长剑啊，咱们回去吧，没有

wú yǐ wéi jiā　　　　　zuǒ yòu jiē wù zhī　　yǐ wéi tān ér bù zhī zú
无以为家。"左右皆恶之，以为贪而不知足。
什么能拿来养家糊口啊！"左右的人都厌恶他了，觉得他贪得无厌。孟尝君

mèng cháng jūn wèn　　　　　féng gōng yǒu qīn hū　　　duì yuē　　　yǒu lǎo
孟尝君问："冯公有亲乎？"对曰："有老
问道："冯先生有亲人吗？"左右的人回答说："有个老母亲。"于是孟尝

mǔ　　　mèng cháng jūn shǐ rén jǐ qí shí yòng　　wú shǐ fá④　yú shì
母。"孟尝君使人给其食用，无使乏④。于是
君派人供给她吃用，不让她觉得缺少什么。于是冯谖就不再唱了。

féng xuān bú fù gē
冯谖不复歌。

①食：给……吃。草具：粗劣的饭菜。②有顷：不一会儿。③铗：
剑把，这里指剑。④乏：缺乏。

hòu mèng cháng jūn chū jì①　　wèn mén xià zhū kè　　shuí xí
后孟尝君出记①，问门下诸客："谁习
后来，孟尝君发出一个文告，问门下的各位门客："谁擅长算账收钱，

jì kuài　　néng wèi wén shōu zhài③　yú xuē zhě hū　　féng xuān shǔ
计会②，能为文收责③于薛者乎？"冯谖署
能替我到薛地去收债？"冯谖签上名，写道："我行。"孟尝君看了，觉得

yuē　　néng　　mèng cháng jūn guài zhī　　yuē　　cǐ shuí yě
曰："能。"孟尝君怪之，曰："此谁也？"
奇怪，问："这是谁呀？"左右的人回答道："就是唱'长剑啊，咱们回去吧'

zuǒ yòu yuē　　nǎi gē fú cháng jiá guī lái zhě yě　　mèng cháng
左右曰："乃歌夫'长铗归来'者也。"孟尝
的那个人。"孟尝君笑道："客人果然有些能耐，我怠慢了他，还没和他见

106

jūn xiào yuē   kè guǒ yǒu néng yě   wú fù zhī   wèi cháng jiàn yě
君笑曰："客果有能也，吾负之，未尝见也。"
过面呢！"于是把冯谖请来见面，向他道歉说："我被这些琐事缠扰得疲惫

qǐng ér jiàn zhī   xiè yuē   wén juàn yú shì   kuì④ yú yōu   ér
请而见之，谢曰："文倦于事，愦④于忧，而
不堪，因为忧虑而感到心意烦乱，再加上生性懦弱愚笨，陷在国事中无法脱

xìng nuò yú   chén yú guó jiā zhī shì   kāi zuì yú xiān shēng   xiān shēng bù
性懦愚，沉于国家之事，开罪于先生。先生不
身，因此得罪了先生。先生不计较，真的有意为我到薛地去收债吗？"冯谖

xiū   nǎi yǒu yì yù wèi shōu zhài yú xuē hū   féng xuān yuē   yuàn
羞，乃有意欲为收责于薛乎？"冯谖曰："愿
回答："愿意前往。"于是准备车马，收拾行装，装上债契准备出发。辞行

zhī   yú shì yuē chē zhì zhuāng   zài quàn qì⑤ ér xíng   cí yuē
之。"于是约车治装，载券契⑤而行，辞曰：
的时候冯谖问孟尝君："收债完毕之后，要买些什么东西回来？"孟尝君说：

  zhài bì shōu   yǐ hé shì ér fǎn   mèng cháng jūn yuē   shì
"责毕收，以何市而反？"孟尝君曰："视
"您看我家里缺什么就买什么吧。"

wú jiā suǒ guǎ yǒu zhě
吾家所寡有者。"

①出记：出公告。②计会：会计工作。③责：通"债"，债务。
④愦：昏乱。⑤券契：债券契约。

qū ér zhī xuē   shǐ lì zhào zhū mín dāng cháng zhě   xī lái hé
驱而之薛，使吏召诸民当偿者，悉来合
冯谖驱车到了薛地，派官吏召来应该还债的百姓，悉数核对债契。

quàn ①。quàn biàn hé，fù jiǎo mìng ②，yǐ zhài cì zhū mín，yīn shāo
券①。券遍合，赴矫命②，以责赐诸民，因烧
等债契全部核对完毕，冯谖假传孟尝君的命令，把债款都赏赐给了百姓，烧

qí quàn，mín chēng wàn suì
其券，民称万岁。
掉了债契，百姓齐声欢呼万岁。

①合券：指核对债契。古时候的契约，借贷双方各拿一半，验证
时就看这两半是否相合。②矫命：假托命令。

cháng qū dào qí，chén ér qiú jiàn。mèng cháng jūn guài qí jí ①
长驱到齐，晨而求见。孟尝君怪其疾
冯谖马不停蹄地赶回齐国，大清早就去求见孟尝君。孟尝君对他这

yě，yī guàn ér jiàn zhī，yuē："zhài bì shōu hū？lái hé jí yě？"
也，衣冠而见之，曰："责毕收乎？来何疾也？"
么快就回来了感到奇怪，穿戴整齐后去见他，问道："债都收完了？怎么

yuē："shōu bì yǐ。" "yǐ hé shì ér fǎn？" féng xuān yuē
曰："收毕矣。" "以何市而反？" 冯谖曰
这么快就回来了？"冯谖回答道："收完了。"孟尝君问："买了些什么

"jūn yún'shì wú jiā suǒ guǎ yǒu zhě'，chén qiè jì，jūn gōng
"君云'视吾家所寡有者'，臣窃计，君宫
回来？"冯谖回答道："您说'看我家里缺什么就买什么'，我私下里盘

zhōng jī zhēn bǎo，gǒu mǎ shí wài jiù，měi rén chōng xià chén；jūn jiā
中积珍宝，狗马实外厩，美人充下陈；君家
算，您的家里堆满了珍宝，猎狗骏马挤满了牲口棚，美丽的女子站满了堂

suǒ guǎ yǒu zhě yǐ yì ěr！qiè yǐ wéi jūn shì yì。" mèng cháng jūn
所寡有者以义耳！窃以为君市义。"孟尝君
下；您家里所缺少的东西，只是仁义啊！我就自作主张为您买回了仁义。"

109

曰："市义奈何？"曰："今君有区区之薛，
孟尝君问："买义？这是怎么一回事？"冯谖说："现在您拥有这个小小

不拊②爱子其民，因而贾利之。臣窃矫君命，
的薛地，不把那里的百姓当做自己的子女一般爱护，还在他们身上做生意

以责赐诸民，因烧其券，民称万岁。乃臣所
年利。所以我自作主张假传您的命令，把债款都赏给了百姓，烧掉了债契，

以为君市义也。"孟尝君不说，曰："诺，先
百姓们都欢呼万岁，这就是我为您买义的做法。"孟尝君听了很不高兴，说：

生休矣！"
"哦，先生，算了吧！"

①疾：快速。②拊：通"抚"，安抚。

后期年①，齐王②谓孟尝君曰："寡人
过了一年，齐湣王对孟尝君说："我不敢把先王用过的大臣作为自

不敢以先王之臣为臣！"孟尝君就国于薛，
己的臣下。"孟尝君只好前往他的封邑薛地。走到离薛地还有一百里的地方，

未至百里，民扶老携幼，迎君道中终日③。
百姓们扶老携幼，在大道上恭候迎接孟尝君，等了整整一天的时间。孟尝君

孟尝君顾④谓冯谖："先生所为文市义者，
回头对冯谖说："先生为我买回的仁义，今天终于见到了！"

乃今日见之！"

①期年：一周年。②齐王：齐湣王。③终日：整整一天。④顾：
回头看。

冯谖曰："狡兔有三窟，仅得免其死耳。
冯谖说："聪明的兔子有三个洞穴，仅仅可以免去一死。现在您只

今有一窟，未得高枕而卧也。请为君复凿二
有一个洞穴，还不能高枕无忧。请让我为您再去挖两个洞穴吧。"孟尝君给

窟。"孟尝君予车五十乘，金五百斤，西游于
了他五十辆车、五百斤黄金，西去梁国游说。冯谖对梁惠王说："齐王把他

梁①，谓梁王曰："齐放其大臣孟尝君于诸
的大臣孟尝君放逐到诸侯国去了，首先迎接到他的国家就会国富兵强。"梁

侯，先迎之者，富而兵强。"于是梁王虚上
惠王于是空出相国的位子，让以前的相国做了上将军，派遣使者带着千斤黄

位，以故相②为上将军，遣使者黄金千斤、
金、百辆车子去请孟尝君。冯谖抢先驱车回到薛地，告诫孟尝君说："黄金

111

chē bǎi shèng　wǎng pìn mèng cháng jūn　　féng xuān xiān qū　jiè　mèng cháng

车百乘，往聘孟尝君。冯谖先驱，诫③孟尝

一千斤，是很贵重的聘礼；车一百辆，说明使者的等级很高。齐王大概已经

jūn yuē　　　qiān jīn　 zhòng bì yě　 bǎi shèng　xiǎn shǐ yě　　qí qí

君曰："千金，重币也；百乘，显使也。齐其

听说了吧。"梁国的使者往返了多次，孟尝君都坚决推辞，不肯前往赴任。

wén zhī yǐ　　　liáng shǐ sān fǎn　　mèng cháng jūn gù cí bù wǎng yě

闻之矣。"梁使三反，孟尝君固辞不往也。

① 梁：魏国都大梁，在今河南开封。② 故相：过去的相国。③ 诫：

告诫。

qí wáng wén zhī　　 jūn chén kǒng jù　 qiǎn tài fù zèng① huáng jīn

齐王闻之，君臣恐惧，遣太傅赍①黄金

齐王听到这些情况，君臣上下都很恐慌，于是派太傅送来了黄金千斤、

qiān jīn　 wén chē èr sì②　 fú jiàn③ yī　 fēng shū xiè④ mèng cháng

千斤，文车二驷②，服剑③一，封书谢④孟尝

彩车两辆、佩剑一把，并且写了一封信向孟尝君道歉，信上说："我真是很

jūn yuē　　 guǎ rén bù xiáng　 bèi yú zōng miào zhī suì⑤　 chén yú chǎn

君曰："寡人不祥，被于宗庙之祟⑤，沉于谄

没福气，遭受祖宗降下的灾祸，被那些阿谀奉承的小人所迷惑，得罪了您。

yú⑥ zhī chén　 kāi zuì yú jūn　　 guǎ rén bù zú wèi yě　 yuàn jūn gù

谀⑥之臣，开罪于君。寡人不足为也，愿君顾

我是不值一提的，只希望顾念先王宗庙的情面，姑且回到齐国来治理广大百

xiān wáng zhī zōng miào　　 gū fǎn guó tǒng wàn rén hū　　 féng xuān jiè mèng

先王之宗庙，姑反国统万人乎！"冯谖诫孟

姓吧！"冯谖又告诫孟尝君说："希望您向齐王请先王的祭器，在薛地建立

cháng jūn yuē   yuàn qǐng xiān wáng zhī jì qì   lì zōng miào yú xuē
尝君曰："愿请先王之祭器，立宗庙于薛。"
宗庙。"宗庙建成了，冯谖回来向孟尝君报告说："三个洞穴都已经挖好了，

miào chéng huán bào mèng cháng jūn yuē   sān kū yǐ jiù   jūn gū gāo
庙成，还报孟尝君曰："三窟已就，君姑高
您暂且可以高枕无忧，过快乐的日子了。"

zhěn wéi lè yǐ
枕为乐矣。"

①赍：持物赠人。②驷：套着四匹马的车。③服剑：指齐王的佩
剑。④谢：道歉。⑤祟：灾祸。⑥谄谀：阿谀奉承。

mèng cháng jūn wéi xiàng shù shí nián   wú xiān jiè   zhī huò zhě
孟尝君为相数十年，无纤介①之祸者，
孟尝君在齐国为相几十年，没遭受一点灾祸，全是依靠冯谖的谋划

féng xuān zhī jì ② yě
冯谖之计②也。
啊！

①纤介：细微的。②计：计谋。

113

深入浅出读古文

　　孟尝君是"战国四公子"之一，以善于招揽人才闻名。冯谖刚入孟尝君门下时，孟尝君和众门客并不看好他。不过，冯谖凭着过人的才智，帮孟尝君"市义""西游于梁"，最终助其复位，做了几十年的齐相。

　　此文多处埋有伏笔。开篇写孟尝君问冯谖"客何能"，回答说"客无能"，这就给读者留下一个疑问，既然"无能"，他为何要自荐呢？这样一来就勾起了人们的阅读兴趣。然后写冯谖三次弹铗要求改善待遇，表现了他的特立独行，也为写他后来"市义"、游说梁国等做好了铺垫。冯谖去薛地收债，把债契烧掉，把债款分给薛地百姓，此处描写为后来孟尝君受到薛地百姓拥戴埋下伏笔。

　　本文叙述的故事较多，在文中埋伏笔有利于衔接文章内容，使其紧凑不乱，同时也给读者留下悬念，增强文章的可读性。

知识加油站

成语词汇

　　扶老携幼：搀扶着老人，带领着小孩，形容民众成群结队而行。（选自文句："孟尝君就国于薛，未至百里，民扶老携幼，迎君道中终日。"）

触龙说赵太后
chù lóng shuì zhào tài hòu

《战国策》

zhào tài hòu xīn yòng shì ①   qín jí gōng zhī   zhào shì qiú jiù yú

赵太后新用事①，秦急攻之，赵氏求救于

赵太后刚刚执政，秦国就加紧攻赵，赵国向齐国求救。齐国说："一

qí   qí qí yuē   bì yǐ cháng ān jūn wéi zhì ②   bīng nǎi chū

齐。齐曰："必以长安君为质②，兵乃出。"

定要用长安君作为人质，才派兵。"赵太后不肯答应，大臣们极力劝说，

tài hòu bù kěn   dà chén qiáng jiàn   tài hòu míng wèi zuǒ yòu   yǒu

太后不肯，大臣强谏。太后明谓左右："有

太后明确地对左右的人说："有再来说让长安君作为人质的，我一定吐

fù yán lìng cháng ān jūn wéi zhì zhě   lǎo fù bì tuò qí miàn

复言令长安君为质者，老妇必唾其面！"

他一脸唾沫。"

① 赵太后：即赵威后，惠文王之妻。惠文王死后，因为其子孝成
王年幼，所以由赵威后辅佐执政。用事：执政。② 长安君：赵威
后幼子的封号。质：人质。当时诸侯之间结盟，常以对方君主的
兄弟或子孙作为人质，以为执行盟约的保证。

左师^①触龙言愿见。太后盛气而揖^②

左师触龙要求见太后。太后气冲冲地等着他。触龙进门之后，小步

之。入而徐趋，至而自谢^③曰："老臣病足，

向前缓慢地走着，到了太后跟前主动谢罪说："老臣的脚有毛病，不能快跑，

曾不能疾走，不得见久矣，窃自恕，恐太后玉

好久没有见到太后了，只好私下里自己原谅自己，但恐怕太后玉体欠安，所

体之有所郄^④也，故愿望见。"太后曰："老

以想来看看您。"太后说："老身也只是靠着辇车才能行动。"触龙又问："太

妇恃辇而行。"曰："日食饮得无衰乎？"

后每日的饮食该没减少吧？"太后说："不过吃点稀饭罢了。"触龙说："老

曰："恃鬻耳。"曰："老臣今者殊不欲食，

臣近来特别不想吃东西，自己勉强散散步，每天走三四里，才稍稍增加了一

乃自强步，日三四里，少益^⑤嗜食，和于身。"

些食欲，身体也舒服了些。"太后说："老身可做不到。"这时候太后脸上

曰："老妇不能。"太后之色少解^⑥。

的怒色稍稍缓和了一些。

①左师：官名。②揖：等待。③谢：谢罪。④郄：身体不舒适。

⑤少：稍微。益：增加。⑥解：通"懈"，消解。

左师公曰：“老臣贱息① 舒祺，最少②，
触龙又说：“老臣的儿子舒祺，年纪最小，不成器得很，而我已经

不肖。而臣衰，窃爱怜之，愿令得补黑衣之
衰老了，心里很疼爱他，希望能让他补黑衣侍卫的空，为保卫王宫出点力。

数，以卫王宫。没死③ 以闻！”太后曰：“敬
我特地冒死来向您禀告。”太后回答说：“好吧。他多大年纪了？”触龙回

诺。年几何矣？”对曰：“十五岁矣。虽少，
答道：“十五岁了。虽说还小，但我希望趁我没死之前把他托付给您。”太

愿及未填沟壑④ 而托之。”太后曰：“丈夫亦
后问：“男人也疼爱自己的小儿子吗？”触龙答道：“比女人疼爱得还要深。

爱怜其少子乎？”对曰：“甚于妇人。”太后
太后答道：“女人疼爱得更厉害！”触龙说：“我认为您对燕后的疼爱超过

曰：“妇人异甚！”对曰：“老臣窃以为媪之
了长安君。”太后道：“您说错了，不像疼爱长安君那么厉害。”触龙说：“父

爱燕后⑤，贤于长安君。”曰：“君过⑥ 矣，
母疼爱自己的孩子，总要替他们做长远的打算。您送燕后出嫁的时候，握着

不若长安君之甚！”左师公曰：“父母之爱
她的脚跟，为她哭泣，为她远嫁而悲伤，这实在是令人伤心的事情。燕后走

子，则为之计深远。媪之送燕后也，持其踵⑦
了，并不是就不想念她了，每逢祭祀时一定要为她祝福，说：‘千万别回来！’

118

wèi zhī qì　　niàn bēi qí yuǎn yě　　yì āi zhī yǐ　　yǐ xíng　fēi fú

为之泣，念悲其远也，亦哀之矣。已行，非弗

您这样做难道不是为她的长远打算，希望她的子孙可以世代为燕吗？"太后

sī yě　　jì sì bì zhù zhī　　zhù yuē　　　　bì wù shǐ fǎn

思也，祭祀必祝之，祝曰：'必勿使反⑧！'

答道："就是这样啊。"

qǐ fēi jì jiǔ cháng　yǒu zǐ sūn xiāng jì wéi wáng yě zāi　　tài hòu

岂非计久长，有子孙相继为王也哉？"太后

yuē　　rán

曰："然。"

①贱息：谦称自己的子女。②少：小。③没死：冒死。④填沟壑：
指死。⑤媪：对老年妇女的称呼。燕后：赵威后的女儿，嫁给燕
王为妻。⑥过：错。⑦踵：脚后跟。⑧反：同"返"。古代远嫁
他国的诸侯之女，除非遭废弃或亡国之祸等，一般不回娘家。"必
勿使反"是赵太后祝愿女儿幸福，不要遭遇不祥之灾。

zuǒ shī gōng yuē　　　jīn sān shì　　yǐ qián　　zhì yú zhào zhī

左师公曰："今三世①以前，至于赵之

触龙又说："从现在上推三代，一直推到赵国刚刚建国的时候，历

wéi zhào　　zhào wáng zhī zǐ sūn hóu zhě　　qí jì yǒu zài zhě hū

为赵，赵王之子孙侯者，其继有在者乎？"

代赵王的子孙受封为侯的，他们的后代现在还有继承爵位的吗？"太后答道：

yuē　　wú yǒu　　yuē　　wēi dú　　zhào　　zhū hóu yǒu zài zhě

曰："无有。"曰："微独②赵，诸侯有在者

"没有。"触龙又问："不只是赵国，其他诸侯国里有这样的吗？"太后说：

119

乎？"曰："老妇不闻也。""此其近者祸及
"我还没听说过。"触龙说道："这大概就是，祸患来得早就落到自己身上，

身，远者及其子孙。岂人主之子孙则必不善
祸患来得晚就会累及子孙。难道国君的子孙一定都不好吗？只是因为他们地

哉？位尊而无功，奉③厚而无劳，而挟重器④
位尊贵，而无功于国；俸禄优厚，没有劳绩，却拥有过高的权位和大量的财

多也。今媪尊长安君之位，而封以膏腴之地，
富。现在您使长安君地位尊贵，又分封给他肥沃的土地，赐给他很多宝物，

多予之重器，而不及今令有功于国；一旦山陵
而不让他趁早有功于国，有朝一日您不在了，长安君凭什么在赵国立身呢？

崩⑤，长安君何以自托于赵？老臣以媪为长安
老臣认为您没有替长安君做长远的打算呀，所以认为您对他的疼爱不如对燕

君计短也，故以为其爱不若燕后。"太后曰：
后的疼爱。"太后听完了说："好吧，听你的意思安排他吧。"于是为长安

"诺，恣⑥君之所使之。"于是为长安君约
君准备了一百辆车子，到齐国做了人质。齐国的军队这才出动。

车百乘⑦，质于齐。齐兵乃出。

①三世：三代。父子相继为一世。②微独：不仅。③奉：通"俸"，
俸禄。④重器：泛指珍宝。⑤山陵崩：这里指赵太后去世。⑥恣：
听任。⑦约：置办配备。乘：一乘为四马拉的一辆车。

^{zǐ yì} 子义^① ^{wén zhī} 闻之，^{yuē}曰："^{rén zhǔ}人主^② ^{zhī zǐ yě}之子也，^{gǔ ròu}骨肉
子义听到了这件事，说："国君的孩子，是国君的亲骨肉，尚且不

^{zhī qīn yě}之亲也，^{yóu bù néng shì}犹不能恃^③ ^{wú gōng zhī zūn}无功之尊、^{wú láo zhī fèng}无劳之奉，^{ér}而
能依靠没有功勋的尊贵地位、没有劳绩的丰厚俸禄来守住金玉宝器，更何况

^{shǒu jīn yù zhī zhòng yě}守金玉之重也，^{ér kuàng rén chén hū}而况人臣乎！"
是做臣子的呢！"

①子义：赵国贤士。②人主：指君王。③恃：凭仗。

深入浅出读古文

　　战国中期，秦国派兵攻打赵国。当时，赵孝成王年幼，朝政由赵太后处理。赵太后想找齐国相助，齐国答应出兵，但条件是太后的小儿子长安君作为人质，赵太后不同意，群臣苦谏也没能奏效。在这种危急情况下，左师触龙站了出来，从长安君的角度出发，层层开导，步步深入，终于使太后心悦诚服，"为长安君约车百乘，质于齐"，顺利解除了赵国的危机。

　　触龙的说话艺术，使其忠心、机智、沉着、善于做思想工作的老臣形象展现在了读者面前。

知识加油站

赵国疆域

　　赵国，春秋战国时期的诸侯国，"战国七雄"之一。战国时期的赵国疆域非常辽阔，极盛时期版图跨越了现今河北、山西、陕西、内蒙古四个省区。赵氏立国之初，便实施北进战略，并逐渐将大部分代戎之地兼并，开始了对该地区的经营。

鲁仲连义不帝秦

《战国策》

秦围赵之邯郸①。魏安釐王使将军晋鄙救
秦国包围了赵国都城邯郸。魏安釐王派将军晋鄙救援赵国。晋鄙畏

赵②。畏秦，止于荡阴③不进。
惧秦军，所以命魏军驻扎在荡阴，不敢前进。

①邯郸：赵国都城，在今河北邯郸西南。②魏安釐王：魏国国君。
晋鄙：魏国大将。③荡阴：在今河南汤阴，当时是赵魏两国交界处。

魏王使客将军①辛垣衍间入邯郸，因平
安釐王又派出了一位客籍将军辛垣衍从小路秘密潜入邯郸，通过平

原君②谓赵王曰："秦所以急围赵者，前与
原君对赵王说："秦国之所以急着围攻赵国，是因为以前秦王和齐闵王争强

qí mǐn wáng zhēng qiáng wéi dì　　yǐ ér③　fù guī dì　　yǐ qí gù
齐闵王争强为帝，已而③复归帝，以齐故。
称帝，后来秦昭王取消了帝号，是由于齐国撤销帝号的缘故。如今齐国更加

jīn qí mǐn wáng yì ruò　fāng jīn④　wéi qín xióng tiān xià　cǐ fēi bì
今齐闵王益弱，方今④唯秦雄天下。此非必
衰弱，只有秦国能称雄于天下。秦国此次出兵不一定是贪图邯郸之地，其真

tān hán dān　　qí yì yù qiú wéi dì　zhào chéng fā shǐ zūn qín zhāo wáng
贪邯郸，其意欲求为帝。赵诚发使尊秦昭王
正目的是想要称帝。如果赵国真能派出使者表示拥戴秦昭王为帝，秦国肯定

wéi dì　　qín bì xǐ　　bà bīng qù　　píng yuán jūn yóu yù wèi yǒu
为帝，秦必喜，罢兵去。"平原君犹豫未有
会很高兴，这样就会撤兵而去。"平原君听了犹豫不决。

suǒ jué
所决。

①客将军：原籍不是此国而在此国做将军。②因：通过。平原君：
战国时有名的四公子之一，名胜，当时任赵相。③已而：不久。
④方今：现在。

cǐ shí lǔ zhòng lián①　shì yóu zhào　huì②　qín wéi zhào　wén
此时鲁仲连①适游赵，会②秦围赵，闻
此时鲁仲连恰巧在赵国游历，正赶上秦军围困赵国，听说魏国想要

wèi jiāng yù lìng zhào zūn qín wéi dì　nǎi jiàn píng yuán jūn　yuē　shì
魏将欲令赵尊秦为帝，乃见平原君，曰："事
让赵国拥戴秦王称帝，就去见平原君说："这件事情您打算怎么办？"平原

jiāng nài hé yǐ　　píng yuán jūn yuē　　shèng yě hé gǎn yán shì
将奈何矣？"平原君曰："胜也何敢言事？
君回答说："我赵胜怎么还敢谈论这件事情？百万大军挫败在外，如今秦军

bǎi wàn zhī zhòng zhé ③　　　yú wài　　jīn yòu nèi wéi hán dān ér bú qù　wèi
百 万 之 众 折 ③ 于 外 , 今 又 内 围 邯 郸 而 不 去 。 魏

又深入赵国，围困邯郸而不撤兵。魏王派客籍将军辛垣衍来令赵国拥戴秦王

wáng shǐ kè jiāng jūn xīn yuán yǎn lìng zhào dì qín　　jīn qí rén zài shì
王 使 客 将 军 辛 垣 衍 令 赵 帝 秦 , 今 其 人 在 是 。

称帝，现在这个人就在邯郸，我怎么还敢谈论这件事情？"鲁仲连说："以

shèng yě hé gǎn yán shì　　　lǔ lián yuē　　　shǐ wú yǐ jūn wéi tiān xià
胜 也 何 敢 言 事 ! " 鲁 连 曰 : " 始 吾 以 君 为 天 下

前我一直以为您是天下的贤明公子，今天才知道您并不是天下的贤明公子。

zhī xián gōng zǐ yě　　wú nǎi jīn rán hòu zhī jūn fēi tiān xià zhī xián gōng zǐ
之 贤 公 子 也 , 吾 乃 今 然 后 知 君 非 天 下 之 贤 公 子

那魏国的客人辛垣衍在哪里？我请求为您去当面斥责他，叫他回去。"平原

yě　　liáng kè xīn yuán yǎn ān zài　　wú qǐng wèi jūn zé ④ ér guī zhī
也 。 梁 客 辛 垣 衍 安 在 ? 吾 请 为 君 责 ④ 而 归 之 。"

君说："那我就把他叫来见先生吧。"

píng yuán jūn yuē　　　shèng qǐng wèi zhào ér jiàn zhī yú xiān shēng
平 原 君 曰 : " 胜 请 为 召 而 见 之 于 先 生 。"

① 鲁仲连：齐国的隐士。② 会：正巧碰上。③ 折：损伤。④ 责：
责备。

píng yuán jūn suì jiàn xīn yuán yǎn　　yuē　　dōng guó ① yǒu lǔ lián
平 原 君 遂 见 辛 垣 衍 , 曰 : " 东 国 ① 有 鲁 连

平原君于是去见辛垣衍，说："齐国有位鲁仲连先生，他现在正在

xiān shēng　qí rén zài cǐ　shèng qǐng wèi shào jiè　　ér jiàn zhī yú jiāng jūn
先 生 , 其 人 在 此 , 胜 请 为 绍 介 , 而 见 之 于 将 军 。"

这里，就让我作为介绍人，让他来见见将军吧。"辛垣衍说："我听说鲁仲

xīn yuán yǎn yuē wú wén lǔ lián xiān shēng qí guó zhī gāo shì ② yě

辛垣衍曰："吾闻鲁连先生，齐国之高士②也。
连先生是齐国的高士，而我辛垣衍，是魏王的臣子，此次出使担负重要的职

yǎn rén chén yě shǐ shì yǒu zhí wú bú yuàn jiàn lǔ lián xiān shēng yě

衍，人臣也，使事有职，吾不愿见鲁连先生也。"
责，我不想见鲁仲连先生。"平原君说："我已经把你在这里的消息泄露给

píngyuán jūn yuē shèng yǐ xiè ③ zhī yǐ xīn yuán yǎn xǔ nuò

平原君曰："胜已泄③之矣。"辛垣衍许诺。
他了。"辛垣衍不得已，答应去见鲁仲连。

①东国：因齐在赵的东方，故称东国。②高士：道德品行高尚而
不做官的读书人。③泄：告诉。

lǔ lián jiàn xīn yuán yǎn ér wú yán xīn yuán yǎn yuē wú shì

鲁连见辛垣衍而无言。辛垣衍曰："吾视
鲁仲连见到辛垣衍后，没有说话。辛垣衍说："我观察居住在这个

jū cǐ wéi chéng zhī zhōng zhě jiē yǒu qiú yú píng yuán jūn zhě yě jīn

居此围城之中者，皆有求于平原君者也。今
被围之城中的人，都是有求于平原君的。今天我观先生的仪容相貌，不像

wú shì xiān shēng zhī yù mào fēi yǒu qiú yú píng yuán jūn zhě hé wèi ①

吾视先生之玉貌，非有求于平原君者，曷为①
是有求于平原君的人，为什么久留在这个围城之中而不离开呢？"鲁仲

jiǔ jū cǐ wéi chéng zhī zhōng ér bú qù yě lǔ lián yuē shì

久居此围城之中而不去也？"鲁连曰："世
连说："世上那些认为鲍焦是因为心胸不开阔而死的人，都是认识上有误的。

yǐ bào jiāo ② wú cóng róng ér sǐ zhě jiē fēi yě jīn zhòng rén bù

以鲍焦②无从容而死者，皆非也。今众人不
现在很多人不了解鲍焦的死因，认为他是为了一己私利而死的。那秦国，

126

知，则为一身。彼秦，弃礼义、上③首功之国
是一个抛弃礼义、崇尚战功的国家，以权术驾驭群臣，像奴隶一样役使它

也，权使其士，虏使其民。彼则肆然而为帝，
的百姓。如果让秦国肆无忌惮地称了帝，甚至统治了整个天下，那么我鲁

过而遂正于天下，则连有赴东海而死耳，吾
仲连只有跳东海自杀了，我不能做它的百姓。我之所以要见将军，是想要

不忍为之民也！所为见将军者，欲以助赵也。"
帮助赵国。"辛垣衍问："先生将如何帮助赵国呢？"鲁仲连说："我想

辛垣衍曰："先生助之奈何？"鲁连曰：
要让魏国和燕国帮助赵国，而齐国、楚国本来就在帮助它。"辛垣衍说："至

"吾将使梁及燕助之，齐楚固助之矣。"辛垣
于燕国，我愿意相信您能说动他们，使其助赵。至于魏国，我就是刚从魏

衍曰："燕则吾请以从矣。若乃④梁，则吾乃
国来的，先生怎么能使魏国帮助赵国呢？"鲁仲连回答说："那是因为魏

梁人也，先生恶能使梁助之耶？"鲁连曰：
国还没有看到秦国称帝的害处；如果让魏国看清秦国称帝的害处，那么它

"梁未睹秦称帝之害故也，使梁睹秦称帝之
一定会帮助赵国的！"辛垣衍又问道："秦国称帝的害处将会是什么样子？"

害，则必助赵矣。"辛垣衍曰："秦称帝之
鲁仲连说："昔日齐威王曾施行仁义之政，率领天下诸侯去朝见周天子。

害将奈何？"鲁仲连曰："昔齐威王尝为仁
当时的周王室贫穷而且衰微，诸侯们都不去朝见，唯独齐国去朝见。过了

义矣，率天下诸侯而朝周。周贫且微，诸侯莫
一年多，周烈王死了，各诸侯国都去吊唁，齐国去得晚了。周室恼怒，向

朝，而齐独朝之。居岁余，周烈王崩⑤，诸侯
齐国报丧说：'天子驾崩，如同天地塌陷，新天子都要睡在草席上亲自守丧，

皆吊，齐后往。周怒，赴⑥于齐曰：'天崩地
而东方的藩臣田婴齐竟然迟到，应该杀掉才是。'齐威王勃然大怒，骂道：'呸！

坼⑦，天子下席，东藩⑧之臣田婴齐后至，则
你母亲也不过是个奴婢！'这件事最后成了天下的笑柄。齐威王在周天子

斫⑨之！'威王勃然怒曰：'叱嗟⑩！而母，
活着的时候去朝见他，死后却辱骂他，实在是由于忍受不了周室的苛求啊。

婢也！'卒为天下笑。故生则朝周，死则叱
那天子本来就如此，这也并没有什么可奇怪的。"

之，诚不忍其求也。彼天子固然，其⑪无足怪！"

①曷为：为什么。②鲍焦：春秋时的隐士，相传以采樵及拾橡实为生，后抱木饿死。③上：通"尚"，崇尚。④若乃：至于。⑤崩：封建时代帝王死的专称。⑥赴：通"讣"，即报丧。⑦天崩地坼：天崩地陷，指周烈王死。⑧东藩：指齐国。⑨斫：砍，斩。⑩叱嗟：怒斥声。⑪其：用于句首，表示委婉语气。

辛垣衍曰："先生独未见夫仆①乎？十
辛垣衍说："先生难道没有见过那些奴仆吗？十个仆人跟从一个主

人而从一人者，宁②力不胜、智不若邪？畏之
人，难道是力气和智慧都胜不过吗？只是由于惧怕罢了。"鲁仲连问："这

也。"鲁仲连曰："然③，梁之比于秦，若仆
样说来，秦国和魏国的关系就是主仆关系了？"辛垣衍回答说："是这样的。"

邪？"辛垣衍曰："然。"鲁仲连曰："然
鲁仲连说："既然如此，那么我将让秦王烹煮魏王，将魏王剁成肉酱！"辛

则吾将使秦王烹醢④梁王！"辛垣衍快然⑤
垣衍很不高兴地说："呵呵！先生您的话太过分了，您又怎能让秦王烹煮魏王，

不说，曰："嘻！亦太甚矣，先生之言也！
将其剁成肉酱呢？"鲁仲连说："当然可以，等我讲给您听：从前，鬼侯、

先生又恶能使秦王烹醢梁王？"鲁仲连曰：
鄂侯、文王是商纣王的三公。鬼侯有个女儿长得漂亮，所以就把她进献给商

129

"固也！待吾言之：昔者鬼侯、鄂侯、文王，
gù yě dài wú yán zhī　xī zhě guǐ hóu　è hóu　wén wáng

纣王，纣王却认为她丑陋，就把鬼侯剁成肉酱。鄂侯因为此事极力诤谏，因

纣之三公也。鬼侯有子而好，故入之于纣，纣
zhòu zhī sān gōng yě　guǐ hóu yǒu zǐ ér hǎo　gù rù zhī yú zhòu　zhòu

此被纣王杀死还制成了肉干。文王听说后，喟然长叹，纣王因此又把文王囚

以为恶，醢鬼侯。鄂侯争之急，辨之疾⑥，故
yǐ wéi è　hǎi guǐ hóu　è hóu zhēng zhī jí　biàn zhī jí　　gù

禁在羑里的牢房中一百天，还打算将他置于死地。为什么和别人一样地称帝，

脯⑦鄂侯。文王闻之，喟然⑧而叹，故拘之
fǔ　è hóu　wén wáng wén zhī　kuì rán　　ér tàn　gù jū zhī

最后却落到被人剁成肉酱、制成肉干的下场呢？

于羑里之库⑨百日，而欲令之死。曷为与人俱
yú yǒu lǐ zhī kù　bǎi rì　ér yù lìng zhī sǐ　hé wèi yǔ rén jù

称帝王，卒就脯醢之地也？
chēng dì wáng　zú jiù fǔ hǎi zhī dì yě

①仆：奴仆。②宁：难道。③然：是的。④醢：古代一种酷刑，
将人剁成肉酱。⑤怏然：郁郁不欢的样子。⑥辨：通"辩"。疾：急。
⑦脯：古代把人做成肉干的酷刑。⑧喟然：叹气的样子。⑨羑里：
古地名，在今河南汤阴县北。库：监牢。

"齐闵王将之鲁，夷维子执策①而从，
qí mǐn wáng jiāng zhī lǔ　yí wéi zǐ zhí cè　　ér cóng

"齐闵王准备去鲁国，夷维子拿着马鞭随行，他问鲁国人：'你们

谓鲁人曰：'子将何以待吾君？'鲁人曰：
wèi lǔ rén yuē　zǐ jiāng hé yǐ dài wú jūn　　lǔ rén yuē

打算如何接待我们的国君呢？'鲁国人回答：'我们准备用牛羊猪各十头来

‘吾将以十太牢② 待子之君。’ 夷维子曰：
接待贵国国君。’夷维子说：‘你们怎么能用这样的礼节来接待我们的国君呢？

‘子安取礼而来待吾君？彼吾君者，天子也。
我们的国君是天子，天子巡视四方，诸侯要离开自己的宫殿，到别处避居，

天子巡狩③，诸侯避舍，纳筦键④，摄衽抱几⑤，
还要交纳钥匙，提起衣襟，亲自捧着几案，到堂下照看天子的饭食。等天子

视膳⑥ 于堂下；天子已食，而听退朝也。’ 鲁
吃完饭，诸侯才能告退去处理政务。’鲁国人听到这话，立刻闭关上锁，拒

人投其籥⑦，不果纳，不得入于鲁。将之薛⑧，
不接纳。齐闵王不能进入鲁国，又准备到薛国去，于是向邹国借路通过。正

假涂于邹⑨。当是时，邹君死，闵王欲入吊，
逢邹国国君新死，齐闵王想入城吊丧，夷维子就对邹君的遗孤说：‘天子来

夷维子谓邹之孤⑩ 曰：‘天子吊，主人必将倍
吊丧，主人一定要把灵柩移到相反的方位，在南边设立朝北的灵堂，然后让

殡柩⑪，设北面于南方，然后天子南面吊也。’
天子面向南吊唁。’邹国的大臣们说：‘如果一定要这样的话，我们情愿伏

邹之群臣曰：‘必若此，吾将伏剑而死。’
剑自杀。’所以，齐闵王没敢进入邹国。鲁国和邹国的臣子在君主生前不能

故不敢入于邹。邹、鲁之臣，生则不得事养，
侍奉供养，君主死后又不能为其口中放米与玉，然而齐闵王想要他们对其行

sǐ zé bù dé fàn hàn⑫　　　rán qiě yù xíng tiān zǐ zhī lǐ yú zōu　lǔ
死则不得饭含⑫，然且欲行天子之礼于邹、鲁
天子之礼时，他们却不肯接受。现在秦国是拥有万辆兵车的大国，魏国也

zhī chén　　bù guǒ nà　　jīn qín wàn shèng zhī guó　liáng yì wàn shèng zhī
之臣，不果纳。今秦万乘之国，梁亦万乘之
是拥有万辆兵车的大国，彼此都有称王的名分，仅仅看到秦国打了一次胜仗，

guó　jiāo⑬　yǒu chēng wáng zhī míng　dǔ qí yí zhàn ér shèng　　yù cóng
国，交⑬有称王之名。睹其一战而胜，欲从
就要顺从他，拥戴他称帝，这是使三晋的大臣还不如邹、鲁二国的奴仆姬

ér dì zhī　　shì shǐ sān jìn⑭　zhī dà chén　　bù rú zōu　lǔ zhī pú
而帝之，是使三晋⑭之大臣，不如邹、鲁之仆
妾呢。

qiè yě
妾也。

①夷维子：齐人。子，男子的美称。策：马鞭。②太牢：牛、羊、猪各一称太牢。③巡狩：指天子到各诸侯国视察。④筦键：钥匙。⑤摄衽：提起衣襟。抱几：捧矮或小的桌子。⑥视膳：伺候别人吃饭。⑦筦：通"钥"。⑧薛：国名，在今山东滕州东南。⑨涂：通"途"。邹：小国名。⑩邹之孤：指邹国的新君。⑪倍：通"背"。殡：停丧。柩：已盛尸体的棺材。⑫饭含：把米放在死人口中叫饭，把玉放在死人口中叫含。⑬交：彼此。⑭三晋：这里指韩、赵、魏三国。

qiě qín wú yǐ ér dì ① zé qiě biàn yì ② zhū hóu zhī dà
"且秦无已而帝①，则且变易②诸侯之大

"况且秦昭王由于称帝，就会马上更换各诸侯国的大臣。他们将撤

chén bǐ jiāng duó qí suǒ wèi bú xiào ér yǔ qí suǒ wèi xián duó qí
臣。彼将夺其所谓不肖，而予其所谓贤；夺其

换他们认为不贤能的人，把职务授予他们认为贤能的人；他们将撤换他们所

suǒ zēng ér yǔ qí suǒ ài bǐ yòu jiāng shǐ qí zǐ nǚ chán qiè
所憎，而予其所爱。彼又将使其子女谗妾，

憎恨的人，把职务授予他们喜欢的人。他们还会把他们的女儿和谗佞的女人

wéi zhū hóu fēi jī chǔ liáng zhī gōng liáng wáng ān dé yàn rán ④ ér yǐ
为诸侯妃姬，处梁之宫，梁王安得晏然④而已

姬妾都充入诸侯的后宫，这样的女人进入魏王的王宫，魏王还能平安地过日

hū ér jiāng jūn yòu hé yǐ dé gù chǒng ⑤ hū
乎？而将军又何以得故宠⑤乎？"

子吗？而将军您又怎么能得到像原来那样的宠信呢？"

①帝：用作动词，称帝。②变易：更换。③谗：在别人面前说陷
害某人的坏话。④晏然：平安地。⑤故宠：指旧日的尊荣地位。

yú shì xīn yuán yǎn qǐ zài bài xiè yuē shǐ yǐ xiān
于是辛垣衍起，再拜，谢①曰："始以先

于是辛垣衍站起身来，向鲁仲连拜了两拜，谢罪说："起初我还以

shēng wéi yōng rén ② wú nǎi jīn rì ér zhī xiān shēng wéi tiān xià zhī shì
生为庸人②，吾乃今日而知先生为天下之士

为先生是个平庸之辈，如今我才知道先生确实是天下的高士呀！我请求离开

yě wú qǐng qù bù gǎn fù yán dì qín
也！吾请去，不敢复言帝秦。"

这里，不敢再提及尊秦为帝的事了。"

①谢：致歉。②庸人：普通的人。

qín jiàng wén zhī　　wèi què　jūn wǔ shí lǐ　　shì huì gōng zǐ
秦将闻之，为却①军五十里。适会公子
秦国的将领听说这件事后，将军队撤了五十里。恰巧这时魏国的公

wú jì　　duó jìn bǐ jūn yǐ jiù zhào jī qín　qín jūn yǐn　ér qù
无忌②夺晋鄙军以救赵击秦，秦军引③而去。
子无忌夺取了晋鄙的兵权，率领军队前来援救赵国，进攻秦军。秦军就撤回
去了。

①却：退。②无忌：魏国公子信陵君。③引：撤退。

yú shì píng yuán jūn yù fēng　lǔ zhòng lián　　lǔ zhòng lián cí ràng
于是平原君欲封①鲁仲连。鲁仲连辞让
于是平原君想封赏鲁仲连。鲁仲连再三辞让，始终不肯接受。平原

zhě sān　zhōng bù kěn shòu　píng yuán nǎi zhì jiǔ　jiǔ hān　qǐ
者三，终不肯受。平原乃置酒，酒酣，起，
君就设酒宴款待他。当酒正喝到兴头上时，平原君起身上前，用千金向鲁仲

qián　yǐ qiān jīn wèi lǔ lián shòu　lǔ lián xiào yuē　suǒ guì yú
前，以千金为鲁连寿②。鲁连笑曰："所贵于
连祝寿。鲁仲连笑着说："天下之士所看重的，是为人排忧解难、消除纷乱

tiān xià zhī shì zhě　wèi rén pái huàn shì nàn　jiě fēn luàn ér wú suǒ qǔ
天下之士者，为人排患释难、解纷乱而无所取
而不收取任何报酬。如果要收取报酬，那就和商人没有什么区别了，鲁仲连

yě　jí　yǒu suǒ qǔ zhě　shì shāng gǔ zhī rén yě　zhòng lián bù
也。即③有所取者，是商贾之人也，仲连不
不屑做这样的事。"于是辞别平原君而去，终身没有再来见他。

134

^{rěn wéi yě} ^{suì cí píng yuán jūn ér qù} ^{zhōng shēn bú fù xiàn}
忍为也。"遂辞平原君而去，终身不复见。

① 封：封赏。② 寿：祝寿。③ 即：假如。

深入浅出读古文

　　长平之战后两年，秦国围攻赵国都城邯郸。赵国经长平一役，元气大伤，无力再跟秦国正面交锋。魏国出于道义，派大将晋鄙援助赵国，但晋鄙不敢跟秦国交战，徘徊不前。魏国于是派辛垣衍到邯郸游说，劝说赵国尊秦为帝以求秦国退兵。就在赵王和平原君犹豫不决之际，齐人鲁仲连指出尊秦为帝有极大的危害。此时，魏国信陵君夺了晋鄙的兵权，率军援助赵国，秦国撤军，邯郸之围解除了。

　　鲁仲连只是一个路经赵国的游客，却出于正义劝说赵国不要尊秦为帝，事成之后又拒绝赵国的封赏。

知识加油站

成语词汇

　　犹豫未决：指拿不定主意。（选自文句："平原君犹豫未有所决。"）

　　天崩地坼：像天塌下、地裂开那样，比喻重大的事变，也形容巨大的声响。（选自文句："周怒，赴于齐曰：'天崩地坼，天子下席，东藩之臣田婴齐后至，则斫之！'"）

<ruby>唐<rt>táng</rt></ruby> <ruby>雎<rt>jū</rt></ruby> <ruby>不<rt>bù</rt></ruby> <ruby>辱<rt>rǔ</rt></ruby> <ruby>使<rt>shǐ</rt></ruby> <ruby>命<rt>mìng</rt></ruby>

《战国策》

<ruby>秦<rt>qín</rt></ruby> <ruby>王<rt>wáng</rt></ruby> <ruby>使<rt>shǐ</rt></ruby> <ruby>人<rt>rén</rt></ruby> <ruby>谓<rt>wèi</rt></ruby> <ruby>安<rt>ān</rt></ruby> <ruby>陵<rt>líng</rt></ruby> <ruby>君<rt>jūn</rt></ruby> <ruby>曰<rt>yuē</rt></ruby>

秦王使人谓安陵君曰①："<ruby>寡<rt>guǎ</rt></ruby> <ruby>人<rt>rén</rt></ruby> <ruby>欲<rt>yù</rt></ruby> <ruby>以<rt>yǐ</rt></ruby> <ruby>五<rt>wǔ</rt></ruby> <ruby>百<rt>bǎi</rt></ruby>寡人欲以五百

秦王嬴政派人转告安陵君说："我打算用方圆五百里的土地交换安

<ruby>里<rt>lǐ</rt></ruby> <ruby>之<rt>zhī</rt></ruby> <ruby>地<rt>dì</rt></ruby> <ruby>易<rt>yì</rt></ruby> <ruby>安<rt>ān</rt></ruby> <ruby>陵<rt>líng</rt></ruby>

里之地易安陵②，<ruby>安<rt>ān</rt></ruby> <ruby>陵<rt>líng</rt></ruby> <ruby>君<rt>jūn</rt></ruby> <ruby>其<rt>qí</rt></ruby> <ruby>许<rt>xǔ</rt></ruby> <ruby>寡<rt>guǎ</rt></ruby> <ruby>人<rt>rén</rt></ruby>安陵君其许寡人！"<ruby>安<rt>ān</rt></ruby> <ruby>陵<rt>líng</rt></ruby> <ruby>君<rt>jūn</rt></ruby>安陵君

陵，安陵君定会答应我吧！"安陵君说："承蒙大王施予恩惠，用大块土

<ruby>曰<rt>yuē</rt></ruby>

曰："<ruby>大<rt>dà</rt></ruby> <ruby>王<rt>wáng</rt></ruby> <ruby>加<rt>jiā</rt></ruby> <ruby>惠<rt>huì</rt></ruby>大王加惠，<ruby>以<rt>yǐ</rt></ruby> <ruby>大<rt>dà</rt></ruby> <ruby>易<rt>yì</rt></ruby> <ruby>小<rt>xiǎo</rt></ruby>以大易小，<ruby>甚<rt>shèn</rt></ruby> <ruby>善<rt>shàn</rt></ruby>甚善。<ruby>虽<rt>suī</rt></ruby> <ruby>然<rt>rán</rt></ruby>虽然，<ruby>受<rt>shòu</rt></ruby>受

地交换小块土地，这太好了。即便如此，但我从先王那里接受了这块封地，

<ruby>地<rt>dì</rt></ruby> <ruby>于<rt>yú</rt></ruby> <ruby>先<rt>xiān</rt></ruby> <ruby>王<rt>wáng</rt></ruby>

地于先王，<ruby>愿<rt>yuàn</rt></ruby> <ruby>终<rt>zhōng</rt></ruby> <ruby>守<rt>shǒu</rt></ruby> <ruby>之<rt>zhī</rt></ruby>愿终守之，<ruby>弗<rt>fú</rt></ruby> <ruby>敢<rt>gǎn</rt></ruby> <ruby>易<rt>yì</rt></ruby>弗敢易。"<ruby>秦<rt>qín</rt></ruby> <ruby>王<rt>wáng</rt></ruby> <ruby>不<rt>bú</rt></ruby> <ruby>说<rt>yuè</rt></ruby>秦王不说③。

愿意终生守护它，不敢拿它交换。"秦王知道了很不高兴。安陵君因此派

<ruby>安<rt>ān</rt></ruby> <ruby>陵<rt>líng</rt></ruby> <ruby>君<rt>jūn</rt></ruby> <ruby>因<rt>yīn</rt></ruby> <ruby>使<rt>shǐ</rt></ruby> <ruby>唐<rt>táng</rt></ruby> <ruby>雎<rt>jū</rt></ruby> <ruby>使<rt>shǐ</rt></ruby> <ruby>于<rt>yú</rt></ruby> <ruby>秦<rt>qín</rt></ruby>

安陵君因使唐雎使于秦。

唐雎出使秦国。

①秦王：即秦始皇嬴政。安陵君：安陵国的国君。②易：换。安陵：魏的附属小国，在今河南鄢陵县西北。③说：通"悦"，高兴。

qín wáng wèi táng jū yuē　　guǎ rén yǐ wǔ bǎi lǐ zhī dì yì ān
秦王谓唐雎曰："寡人以五百里之地易安
秦王对唐雎说："我用五百里的土地换安陵，安陵君不听从我，这

líng　　ān líng jūn bù tīng guǎ rén　　hé yě　　qiě qín miè hán wáng wèi
陵，安陵君不听寡人，何也？且秦灭韩亡魏，
是为什么？况且秦国灭了韩国和魏国，然而安陵君却凭借方圆五十里的土地

ér jūn yǐ wǔ shí lǐ zhī dì cún zhě　　yǐ jūn wéi zhǎng zhě①　　gù bú
而君以五十里之地存者，以君为长者①，故不
生存下来，这是因为我把安陵君当做忠厚的长者，所以没有放在心上。现在

cuò yì② yě　　jīn wú yǐ shí bèi zhī dì　　qǐng guǎng③ yú jūn　　ér
错意②也。今吾以十倍之地，请广③于君，而
我用十倍于安陵的土地，想要让安陵君的领土得到扩大，他却不遵从我的意

jūn nì guǎ rén zhě　　qīng guǎ rén yú　　táng jū duì yuē　　fǒu
君逆寡人者，轻寡人与？"唐雎对曰："否，
愿，这是轻视我吗？"唐雎回答说："不，不是这样的。安陵君从先王那里

fēi ruò shì yě　　ān líng jūn shòu dì　yú xiān wáng ér shǒu zhī　　suī qiān lǐ
非若是也。安陵君受地于先王而守之，虽千里
继承了封地并守住这份祖业，即使是方圆千里的土地也不敢拿去交换，何况

bù gǎn yì yě　　qǐ zhí④ wǔ bǎi lǐ zāi
不敢易也，岂直④五百里哉？"
只是五百里的土地呢？"

①长者：年辈高而谨厚的人。②错意：通"措意"，放在心上。③广：扩充。④岂直：难道只是。

qín wáng fú rán　　nù　　wèi táng jū yuē　　　　gōng yì cháng wén
秦王怫然①怒，谓唐雎曰："公亦尝闻
秦王非常愤怒，对唐雎说："先生听说过天子发怒吗？"唐雎回答

tiān zǐ zhī nù hū？　táng jū duì yuē　　chén wèi cháng wén yě
天子之怒乎？"唐雎对曰："臣未尝闻也。"
说："我未曾听说过。"秦王说："天子发怒，将有百万人的尸首倒下，

qín wáng yuē　　　　tiān zǐ zhī nù　　fú shī bǎi wàn　　liú xuè qiān lǐ
秦王曰："天子之怒，伏尸百万，流血千里。"
血流千里。"唐雎说："大王听说过平民发怒吗？"秦王说："平民发怒，

táng jū yuē　　　dà wáng cháng wén bù yī②zhī nù hū？　　qín wáng
唐雎曰："大王尝闻布衣②之怒乎？"秦王
不过是摘掉帽子，赤着脚，用头撞地罢了。"唐雎说："这是平庸之辈发怒，

yuē　　　bù yī zhī nù　　yì miǎn guān tú xiǎn③　　yǐ tóu qiāng④
曰："布衣之怒，亦免冠徒跣③，以头抢④
不是有才能胆识的人发怒。当年专诸刺杀吴王僚的时候，彗星的尾巴扫过

dì ěr　　táng jū yuē　　　cǐ yōng fū zhī nù yě　　fēi shì zhī
地耳。"唐雎曰："此庸夫之怒也，非士之
了月亮；聂政刺杀韩傀的时候，一道白虹直冲太阳；要离刺杀庆忌的时候，

nù yě　　fú zhuān zhū⑤zhī cì wáng liáo yě　　huì xīng xí yuè　　niè
怒也。夫专诸⑤之刺王僚也，彗星袭月；聂
苍鹰扑到宫殿之上。这三个人都是出身平民的有才能胆识的人，心里怀着

zhèng⑥zhī cì hán guī yě　　bái hóng guàn rì　　yāo lí⑦zhī cì qìng jì
政⑥之刺韩傀也，白虹贯日；要离⑦之刺庆忌
的怒气还没爆发出来，上天就降下了吉凶的征兆，现在，专诸、聂政、要

　　 yě 　　 cāng yīng jī yú diàn shàng 　　 cǐ sān zǐ jiē bù yī zhī shì yě 　　 huái

也，苍鹰击于殿上。此三子皆布衣之士也，怀

离同我一起，将要成为四个人了。如果有才能胆识之士真的发怒，横在地

　　 nù wèi fā 　　 xiū jìn ⑧ jiàng yú tiān 　　 yú chén ér jiàng sì yǐ 　　 ruò shì

怒未发，休祲⑧降于天，与臣而将四矣。若士

上的尸首不过是两个人，血只流五步远，天下之人都要穿白戴孝，今天就

　　 bì nù 　　 fú shī èr rén 　　 liú xuè wǔ bù 　　 tiān xià gǎo sù ⑨ 　　 jīn

必怒，伏尸二人，流血五步，天下缟素⑨，今

要发生这样的情况了！"于是拔出宝剑站了起来。

　　 rì shì yě 　　 tǐng jiàn ér qǐ

日是也！"挺剑而起。

①怫然：愤怒的样子。②布衣：平民百姓。③徒跣：光着脚。④抢：
撞。⑤专诸：春秋时吴国的勇士，曾经为吴国的公子光刺杀了吴
王僚。⑥聂政：战国时韩国人，曾经为韩大夫严仲子刺杀了韩相
韩傀。⑦要离：春秋时吴国的勇士，曾经为吴王阖闾刺杀了吴王
僚之子庆忌。⑧休：吉兆。祲：不祥之兆。⑨缟素：指穿丧服。

　　 qín wáng sè náo ① 　　 cháng guì ér xiè ② zhī yuē 　　 xiān shēng

秦王色挠①，长跪而谢②之曰："先生

秦王的脸色顿时变得颓丧，挺直上身跪着向唐雎道歉说："先生请坐，

　　 zuò 　　 hé zhì yú cǐ 　　 guǎ rén yù ③ yǐ 　　 fú hán 　　 wèi miè wáng

坐，何至于此！寡人谕③矣。夫韩、魏灭亡，

何至于如此呢！我明白了。为什么韩国、魏国灭亡，然而安陵却凭借五十里

　　 ér ān líng yǐ wǔ shí lǐ zhī dì cún zhě 　　 tú yǐ yǒu xiān shēng yě

而安陵以五十里之地存者，徒以有先生也。"

的土地还能够生存下来，只是因为有先生啊。"

①色挠：神色沮丧。挠：屈服。②长跪：两膝着地，臀部离开足跟，直身而跪，以示郑重。谢：道歉。③谕：通"喻"，明白。

深入浅出读古文

战国后期，秦国灭掉了韩国、魏国，继而想夺取魏国的附属国安陵。安陵君见情势不妙，就派唐雎出使秦国。唐雎到达秦国后，秦王先是以十倍之地相诱，后又以兵戈相威胁，想迫使唐雎屈服。唐雎据理力争，凭着刚勇之气使秦王不敢肆意妄为，最后全身而退。

本文内容精彩，引人入胜。最精彩的就是秦王的"天子之怒"对上唐雎的"布衣之怒"。通过秦王、唐雎唇枪舌剑的激烈论战，塑造了一位有胆有识、英勇沉着的侠士形象，歌颂了唐雎大义凛然、敢于斗争的爱国精神；同时，秦王色厉内荏、骄横无理的特质，无不跃然纸上。

知识加油站

彗星袭月

彗星袭月即彗星的光芒扫过月亮。"彗"字有"扫帚"的意思，人们俗称其"扫帚星"。据史料记载，公元前613年，当时中国有人观察到"有星孛入北斗"，这是世界上公认的首次关于哈雷彗星的确切纪录。

阿房宫赋

ē páng gōng fù

唐 杜牧

作者档案

杜牧（803年－852年），字牧之，号樊川居士，京兆万年（今陕西西安）人，唐代诗人。性刚直，不拘小节，不屑逢迎。自负经略之才，诗、文均有盛名。诗作明丽隽永，绝句诗尤受人称赞，与李商隐并称"小李杜"。因晚年居长安南樊川别墅，故又称"杜樊川"，著有《樊川文集》。

六王①毕，四海一。蜀山兀②，阿房出。
liù wáng bì sì hǎi yī shǔ shān wù ē páng chū

六国覆灭，天下统一。蜀山中的树木被砍光了，阿房宫建成了。它

覆压三百余里，隔离天日。骊山③北构而西
fù yā sān bǎi yú lǐ gé lí tiān rì lí shān běi gòu ér xī

覆盖了三百多里的地方，几乎遮蔽了天日。从骊山北面建起，折向西面的咸

zhé　　 zhí zǒu xián yáng　　 èr chuān róng róng ④　 liú rù gōng qiáng　 wǔ
折，直走咸阳。二川溶溶④，流入宫墙。五

阳。渭水和樊川清波荡漾，流进了宫墙。五步一座高楼，十步一座亭阁，长

bù yì lóu　　 shí bù yì gé　 láng yāo màn ⑤　 huí　 yán yá gāo zhuó
步一楼，十步一阁，廊腰缦⑤回，檐牙高啄，

廊如腰带，回环萦绕，屋檐高挑，像鸟嘴一样向上翘起，亭台楼阁各依地势

gè bào dì shì　　 gōu xīn dòu jiǎo ⑥　 pán pán yān　 qūn qūn ⑦　 yān
各抱地势，钩心斗角⑥。盘盘焉，困困⑦焉，

参差交错。盘盘绕绕，曲曲折折，像蜂房那样密集，像水涡那样起伏，巍峨

fēng fáng shuǐ wō　　 chù bù zhī qí jǐ qiān wàn luò　 cháng qiáo wò bō　 wèi
蜂房水涡，矗不知其几千万落。长桥卧波，未

耸立，不知道有几千万座。那长桥横卧在水面上，没有云聚风起，却怎么像

yún hé lóng　　 fù dào ⑧　 xíng kōng　 bú jì ⑨　 hé hóng　 gāo dī míng
云何龙？复道⑧行空，不霁⑨何虹？高低冥

有蛟龙飞腾？那阁道架在半空中，并非雨过天晴，却怎么像有长虹横空？亭

mí　　 bù zhī xī dōng　 gē tái nuǎn xiǎng　 chūn guāng róng róng　 wǔ diàn
迷，不知西东。歌台暖响，春光融融；舞殿

榭池苑高低错落，使人辨不清南北东西。楼台上歌声响起，让人感到春天里

lěng xiù　　 fēng yǔ qī qī　 yí rì zhī nèi　 yì gōng zhī jiān　 ér qì
冷袖，风雨凄凄。一日之内，一宫之间，而气

的融融暖意；大殿里舞袖挥动，带起一片风雨凄迷。同一天内，同一宫中，

hòu bù qí
候不齐。

气候冷暖竟截然不同。

①六王：燕、赵、韩、魏、齐、楚六国的君王，即指六国。②兀：
光秃。③骊山：在今陕西西安临潼区。④二川：指渭水和樊川。溶溶：
河水宽广而流动的样子。⑤缦：萦绕。⑥钩心斗角：指宫室结构
的参差错落，精巧工致。⑦困困：曲折回旋。⑧复道：楼阁之间

以木架设的通道。⑨霁：雨后初晴。

妃嫔媵嫱①，王子皇孙，辞楼下殿，辇②
那六国的妃嫔姬妾、王子皇孙，辞别了故国的楼阁宫殿，乘着辇车

来于秦。朝歌夜弦，为秦宫人。明星荧荧③，
来到秦国，日夜歌唱弹琴，成为了秦皇的宫人。宫苑中星光闪烁，那是美人

开妆镜也；绿云扰扰，梳晓鬟也。渭流④涨
们打开了梳妆镜，又看见绿云纷纷，那是她们对镜晨妆时散开的秀发。渭水

腻，弃脂水也；烟斜雾横，焚椒兰⑤也。雷
上泛起了一层油腻，那是妆成后泼下的脂粉水；烟雾弥漫，那是她们焚烧椒

霆乍惊，宫车过也；辘辘远听，杳不知其所
兰熏衣物。雷霆声忽然震天响起，原来是皇帝的车辇经过；辘辘的车轮声渐

之也。一肌一容，尽态极妍⑥，缦立⑦远视，
行渐远了，不知道它驶向何方。每一种身姿，每一种容颜，都费尽心思地表

而望幸焉。有不得见者三十六年。燕赵之收
现出妩媚；她们久久地伫立着，眺望着，希望皇帝能驾临。有的人竟三十六

藏，韩魏之经营，齐楚之精英，几世几年，取
年未得见皇帝一面。燕国、赵国、韩国、魏国、齐国、楚国的奇珍异宝，都

掠_{lüè}其_{qí}人_{rén}，倚_{yǐ}叠_{dié}如_{rú}山_{shān}。一_{yí}旦_{dàn}不_{bù}能_{néng}有_{yǒu}，输_{shū}来_{lái}其_{qí}间_{jiān}。

是多少年、多少代靠搜刮百姓聚敛的，堆积如山。一朝国家灭亡，不能再占

鼎_{dǐng}铛_{chēng}⑧玉_{yù}石_{shí}，金_{jīn}块_{kuài}珠_{zhū}砾_{lì}，弃_{qì}掷_{zhì}逦_{lǐ}迤_{yǐ}⑨，秦_{qín}人_{rén}视_{shì}

有，便都被运到了阿房宫中。宝鼎当成铁锅，宝玉当成石头，黄金当成土块，

之_{zhī}，亦_{yì}不_{bú}甚_{shèn}惜_{xī}。

珍珠视为砂砾，随处丢弃，遍地可见。秦人看着，也不当回事。

①媵：陪嫁侍女。嫱：古代宫廷里的女官名。②辇：古代皇帝皇后乘坐的车。③荧荧：明亮的样子。④渭流：即渭水。⑤椒兰：两种香料植物，焚烧以熏衣物。⑥妍：美丽。⑦缦立：长久地站立。⑧铛：一种平底浅锅。⑨逦迤：绵延不断。

嗟_{jiē}乎_{hū}！一_{yì}人_{rén}之_{zhī}心_{xīn}，千_{qiān}万_{wàn}人_{rén}之_{zhī}心_{xīn}也_{yě}。秦_{qín}爱_{ài}纷_{fēn}

唉！一个人心之所向，也正是千万人心之所向啊。秦人喜欢豪华奢侈，

奢_{shē}，人_{rén}亦_{yì}念_{niàn}其_{qí}家_{jiā}。奈_{nài}何_{hé}取_{qǔ}之_{zhī}尽_{jìn}锱_{zī}铢_{zhū}①，用_{yòng}之_{zhī}如_{rú}

可百姓也眷念着自己的家呀。为什么搜刮财宝的时候连一分一厘也不放过，

泥_{ní}沙_{shā}？使_{shǐ}负_{fù}栋_{dòng}之_{zhī}柱_{zhù}，多_{duō}于_{yú}南_{nán}亩_{mǔ}之_{zhī}农_{nóng}夫_{fū}；架_{jià}梁_{liáng}之_{zhī}

挥霍起来却把它当做泥沙一样毫不珍惜呢？使得支撑宫梁的柱子，比田里的

椽_{chuán}，多_{duō}于_{yú}机_{jī}上_{shàng}之_{zhī}工_{gōng}女_{nǚ}；钉_{dīng}头_{tóu}磷_{lín}磷_{lín}②，多_{duō}于_{yú}在_{zài}

农夫还多；架在屋梁上的椽子，比织机上的织女还多；钉头闪闪，比粮仓的

yǔ ③ zhī sù lì wǎ fèng cēn cī duō yú zhōu shēn zhī bó lǚ zhí
庾 ③ 之粟粒；瓦缝参差，多于周身之帛缕；直
谷粒还多；长长短短的瓦缝，比百姓遮体的丝缕还多；栏杆纵横，比天下的

lán héng jiàn duō yú jiǔ tǔ ④ zhī chéng guō guǎn xián ōu yā duō
栏横槛，多于九土 ④ 之城郭；管弦呕哑，多
城池还多；管弦齐鸣的嘈杂声，比集市的人声还要喧闹。这使天下人虽然口

yú shì rén zhī yán yǔ shǐ tiān xià zhī rén bù gǎn yán ér gǎn nù
于市人之言语。使天下之人，不敢言而敢怒；
不敢言，心中却充满了愤怒；独断专行的暴君之心竟日益骄横顽固。终于有

dú fū ⑤ zhī xīn rì yì jiāo gù shù zú jiào hán gǔ ⑧
独夫 ⑤ 之心，日益骄固 ⑥。戍卒叫 ⑦，函谷 ⑧
一天，陈胜、吴广振臂一呼，刘邦攻下函谷关，项羽放了一把大火，可惜啊，

jǔ chǔ rén yī jù ⑨ kě lián jiāo tǔ
举，楚人一炬 ⑨，可怜焦土！
那豪华的宫殿就变成了一片焦土！

①锱铢：古时的重量单位。六铢等于一锱，四锱等于一两。②磷磷：
指凸出的钉头。③庾：露天的谷仓。④九土：九州。⑤独夫：这
里指秦始皇。⑥固：顽固。⑦戍卒叫：指陈胜、吴广起义。⑧函
谷：函谷关，在今河南灵宝市。⑨楚人一炬：指项羽焚烧秦的宫殿。

wū hū miè liù guó zhě liù guó yě fēi qín yě zú qín
呜呼！灭六国者，六国也，非秦也。族秦
唉！灭亡六国的是六国自己，不是秦国；使秦国覆灭的是秦人自己，

zhě qín yě fēi tiān xià yě jiē fú shǐ ① liù guó gè ài qí
者，秦也，非天下也。嗟夫！使 ① 六国各爱其
不是天下的人。唉！假如六国的国君能爱护各自的百姓，就足以抵抗秦国；

rén　　　zé zú yǐ jù qín　　　shǐ qín fù ài liù guó zhī rén　　　zé dì②

人，则足以拒秦；使秦复爱六国之人，则递②

如果秦能爱惜六国的百姓，那就可以传位到三世，乃至传到万世而永为君

sān shì kě zhì wàn shì③　　ér wéi jūn　　shuí dé ér zú④　miè yě　　qín

三世可至万世③而为君，谁得而族④灭也？秦

王，谁能够使它覆灭呢？秦人来不及哀叹自己的灭亡，而后人为他们哀叹；

rén bù xiá⑤　zì āi　　ér hòu rén āi zhī　　hòu rén āi zhī ér bú jiàn

人不暇⑤自哀，而后人哀之；后人哀之而不鉴

如果后人仅仅哀叹却不引以为戒，那么就又会让更后来的人来哀叹后人了。

zhī　　yì shǐ hòu rén ér fù āi hòu rén yě

之，亦使后人而复哀后人也！

①使：假使。②递：传递，这里指王位顺着次序传下去。③万世：《史记·秦始皇本纪》载："朕为始皇帝，后世以计数，二世三世至于万世，传之无穷。"④族：使……灭族。⑤不暇：来不及。

深入浅出读古文

这篇文章写于唐敬宗宝历元年（825年）。唐敬宗在位期间，大兴土木，广修宫室，给人民造成了沉重负担。杜牧因此作《阿房宫赋》。

此文题为"阿房宫赋"，重点却不是咏物，而是写阿房宫中的豪奢场景。文章前两段辞藻华丽，文字铺排，把阿房宫盛极一时的情景展现得淋漓尽致。这是欲抑先扬的写法。正所谓物极必反，写一个事物的败亡，先描述它曾经的兴盛，能给读者造成强烈的冲击。后面两段转为议论，先是以一组排比，说明秦朝统治者把天下据为己有的事实。一句"楚人一炬，可怜焦土"，把阿房宫的奢华一刻尽都消灭，使人产生一种极度的幻灭感。继而再揭示秦亡的教训。杜牧说秦亡的教训，其实是暗示唐朝统治者要引以为戒，要爱天下人，不然就会重蹈覆辙。结尾一句"后人哀之而不鉴之，亦使后人而复哀后人也"，点明了此文的旨意。语言简练警策，发人深省，震撼人心。

知识加油站

成语词汇

钩心斗角：建筑物的结构精巧工致。（选自文句："五步一楼，十步一阁，廊腰缦回，檐牙高啄，各抱地势，钩心斗角。"）

朝歌夜弦：形容整天沉迷于歌舞，逸乐无度。（选自文句："朝歌夜弦，为秦宫人。"）

阅读与思考

曹刿在长勺之战中，取得战役胜利的重要原因有哪些？

_____

_____

_____

_____

_____

通过《宫之奇谏假道》这篇古文，你明白了怎样的道理？

_____

_____

_____

_____

_____

阅读与思考

《予鱼论战》中，你觉得宋襄公是个自大而迂腐的人吗？说出你的理解。

_____

_____

_____

_____

_____

邹忌讽齐王纳谏之所以成功，在于怎样的说话艺术？

_____

_____

_____

_____

_____